獻給我的孩子

安妮(Annie)、阿曼達(Amanda)和安德魯(Andrew)

真 善 美 叢 書

孩子如何栽培父母

逆轉角色的親職之旅

艾倫德 著 **陳永財** 譯

▼

真善美叢書

孩子如何栽培父母

逆轉角色的親職之旅

How Children Raise Parents

The Art of Listening to Your Family

作者
艾倫德 Dan B. Allender

譯者
陳永財

責任編輯
李慧儀

裝幀設計
奇文雲海 · 設計顧問

■

出版 / 發行
基道出版社
香港沙田火炭坳背灣街 26 號富騰工業中心 1011 室
LOGOS PUBLISHERS
Unit 1011, Fo Tan Ind. Centre, 26 Au Pui Wan St., Shatin, Hong Kong
電話：(852) 2687-0331　傳真：(852) 2687-0281
網址：http://www.logos.com.hk

承印
陽光印刷製本廠

●

9/2008 初版
Cat. No. LP758
ISBN: 978-962-457-366-4
Originally published in English under the title:
How Children Raise Parents by Dan B. Allender, Ph.D.

Published by WaterBrook Press, an imprint of the Crown Publishing Group,
a division of Random House LLC
12265 Oracle Boulevard, Suite 200, Colorado Springs, Colorado 80921 USA
International rights contracted through:
Gospel Literature International, P.O. Box 4060, Ontario, California 91761-1003 USA
This translation published by arrangement with Waterbrook Press,
an imprint of The Crown Publishing Group, a division of Random House LLC

刷次	11	10	9	8	7	6	5	4	3	2
年份	2023	2022	2021	2020	2019	2018	2017	2016	2015	2014

我是父母

我以前在想甚麼？
上帝以前在想甚麼？

我寫書從沒有好像這一本那樣困難。寫作的過程經歷了的艱難和損失、壓力和要求，似乎比我生命中所有其他時期加起來還要大。但這一切都不能解釋要確保這本書完成所打的那場真實的仗……

和大部分最終得到接受的事實一樣，我沒有一早便明白，似乎是難以置信的。我沒有容讓這本書的寫作流暢地進行，原因十分簡單：我不是好父親。我十分愛我的孩子，我也因為自己在為人父親方面的失敗而感到十分困擾。

我三個孩子都十分愛我。我確信我們之間的連繫會維持下去，直到我死後還會繼續下去。我的不安不是源自我有時看見自己的孩子作出可怕的決定，主要是來自我在自己失敗時所經歷的心痛。我有可愛和很好的孩子。而主要的是，我要為這恩賜而感謝我值得稱讚的妻子麗貝卡（Rebecca）。

妨礙我寫作的不單是失敗這個問題。那是更難以捉摸和痛心的事情。我一位作家朋友聽到我為這本書抱怨了兩年後，在一封電郵中道出她認為發生了甚麼事後，我終於可以說出這痛楚的一部分。她闡明了我知道在我裏面，但卻似乎不能夠表達的東西：

> 人們相信你應該知道和做足你所教導的一切，這一定令你感到十分不公平。你所教導的——我們不是從我們的軟弱說話嗎？祂的能力在我們的軟弱裏面變得完全。因此，以此為目標吧。是的，一開始便承認：「我不應該寫這本書，因為我是有罪的父親中的罪魁。沒有人比我更差。我花了那麼多時間教導別人，以致錯失了我孩子生命中的重要時刻：最初說的話（爹爹）、最初的擲球遊戲、幼稚園畢業、第一次約會……我與他們『一起』時，往往心不在焉。我有留心時，卻好像女鬼一樣向他們發怒。
>
> 但更痛苦的是，我必須承認有短暫的喜悅時刻，上帝的榮耀穿過我對自己痛苦的童年感到憤怒的烏雲，我成了天父呼召我成為的父親。那些時刻召喚我，令我好像以賽亞書五十四章那不育的婦人那樣，渴望在我孩子的生命中勞苦和結出果子。而是的，我就是從那裏寫作。

在我自己不能表達時，我的朋友道出了這些思想。而那是真的。正如我們必須將我們的經驗用文字表達出來，別人才能夠聽到；如果我們要完全明白自己的心，我們也需要讓別人閱讀。因此，好像詩人那樣，我取了別人的話當為自己的話來使用，因為我渴望超越現在的自己。

這本書主要是給父母的。通往認識我們自己和上帝的大門，往往在與倚靠我們照顧的人的關係中找到。在這種涉及需要的關係中，我們面對我們得到多少去給予別人，以及我們多經常不給予我們擁有的一切。可以令我們心碎的，是那潛力和實際之間的差異。我擁有那麼多；卻付出那麼少。在地上的所有關係中，與我們孩子的關係要求我們變得高尚和作出最深刻的犧牲。而在這關係裏的失敗，也或許比在任何其他關係裏頭的失敗，更深地刺痛我們的心。

為甚麼這是好消息？因為在生命中，再沒有其他場合令我們抵押更多到盼望上，更害怕夢想，更想為我們的決定作出辯解，更開放地接受幫助——而且同時進行這幾件事。為人父母的熱熾和激情，不單帶出我們身為人最壞的潛力，也帶出我們最好的一面。那是我們生命中的空間，在這空間裏，我們對上帝改變我們的工作最為開放——只要我們容許我們的孩子帶領我們進入屬靈的成熟。

我對這本書有一個渴望：我們會更加愛上我們的孩子，以及更加愛上那位彰顯自己為神聖與全然慈愛的父母的上帝——祂是我們所有人都渴求的。但願在我們學習我們的孩子怎樣養育我們時，你會經歷上帝那不可思議、親切的愛。但願我們都因為上帝怎樣好好地在我們孩子的生命中寫下我們對祂需要有的認識而驚歎。

目錄

孩子模塑我們的心靈

正因為這樣，我們需要閱讀我們的孩子

小孩是成人的父親

——華茲華斯（Wordsworth）

為人父母這個過程仍然是我生命中最難以忘懷和神聖的經驗。它那不能預期的外來差異是獨特的。對比起來，我的婚姻是哀傷和喜樂起起伏伏的過山車，大部分是深刻的喜樂；在我投身這種關係之前，我對它已經有所認識。啊，我現在明白我最初對妻子的認識實在十分少，而且大都被我自己的偏見模糊了。但那已經足以令我踏進婚姻，在過去二十四年，在我改變對太太的看法期間，那成了豐富的驚奇和了不起的迷惘的基礎。

另一方面，我沒有選擇我的孩子。我只是選擇成為父親。對於我三個孩子，我都不能選擇他們的性別、眼睛的顏色、智力、性向、健康或對生命的意向。他們來到時，已經完全形成和受了獨特的模塑。

我對身為人父的認識可以在針頭上寫上幾遍。我知道這樣做是正確的。在特殊的時刻，我偶爾會**想要**成為父親。不過，實際上，我可能會等到我們還了更多債項，買了一幢較大的房子，得到一些我一直都想得到的玩具，並成熟得足以真正成為好父親時才這樣做。致命的是最後一個問題。

我是獨子，我母親是獨女，這表示我不單沒有兄弟姊妹，也沒有表兄弟姊妹。記憶所及，我在二十多歲前都未抱過嬰孩，甚至未接近過小孩子。缺乏這方面的經驗是影響深遠的，但卻不是主要問題。更令人困擾的，是我的自我中心。我十分喜歡成為家中的獨子，有特權打開放在聖誕樹下的眾多禮物。家庭的日程單單配合我的生命。家裏的資源都供我使用，我從來都不需要與別人分享甚麼。

我一結婚後，很聰明地覺悟到，如果麗貝卡和我（是的，我留意到**我們**這個詞是多麼荒謬）生了一個小小的侵略者，我便會從王座上被驅逐。甚至在我們未有孩子前，生命已經改變，因為我太太不容許我扮成她「惟一的孩子」，無論我們有沒有孩子。我已經應邀放棄我的自私。不過，我知道孩子不單會將我完全從王座趕走，實際上更會**取代我**坐在王座上。我對成為父母是開放的，但我卻並不急於趕這趟渾水。

天意命定，到我預備好有孩子時，我們卻受到不育和流產之苦。我們生命的這一章十分痛苦。我太太十分渴望生產的孩子佔據了我們的性生活，花去我們的空閒時間，每個月當月經出現時，不單嘲笑我們（我）不育的勞苦，更侵蝕我們的盼望。

我們做了檢查，量了體溫。由醫生決定的親密時刻取代了自發的親密，懷孕的例行任務開始驅走我們親密結合的熱情。性變成了工作。終於懷孕了，我們的放逐生涯完結，但我們的盼望卻在流產中失去。我裏面有些東西在說：「我受夠了。我永遠不會再關心精子和卵子的結合，以致要再次忍受那種痛苦。」

但我繼續。經過另外一年，我太太再次懷孕，而且繼續下去，在接著的九個月我們一直都很擔心和煩惱，直至麗貝卡終於說：「是時候了。我們需要到醫院。」我從牀上跳下來，抓著衣服和攝影機袋，跑到車房——卻發覺我沒有穿衣服，沒有車匙，太太仍在牀上。我終於走回睡牀，三小時後，經過間歇、可怕的半睡眠後，我們起來到醫院去。

那天是一片模糊。

經過一個痛苦的過程（我會在較後一章講述那個故事），我凝視著我初生的女兒，我被一些不能言詮的東西吞噬：我即時墮入愛河。在我一生中，除了另外兩個孩子的出生外，我從沒有那麼完全和徹底地被生命的熱情和榮耀迷住。如果那刻有人要求我將生命給予我的孩子，那會是我一生中最完全無私和不費力氣的舉動。

我的第一個教訓——而我可怎樣稱呼那時刻而不致令它平庸瑣碎？——是我裏面存在著一種愛，是原始、純潔和強烈的。我女兒那雙黑而清秀的眼睛以它們的美使我著迷。我沉醉了。但在那一刻是甚麼給我那麼澎湃的愛？我立即愛上我的女兒，沒有怎樣令我感到驚訝，但那愛的強烈程度卻使我震驚。我被愛**侵入**，那愛既令我感到陌生，又和我十分相似，但那個我是我從沒有想到自己會成為的。這一切，在我的思想迷失在我女兒的凝視中的那一刻來到。

在那一刻我突然明白：這個孩子和我將來的孩子會教導我的，比我可能教導他們的更多。從那一刻開始，我的生命不再一樣。一直到永恆，我的生命都會不再一樣，我需要多謝我的孩子。

這本書的核心命題是：為你的孩子感謝上帝，因為他們令你成長，在屬靈上變得成熟。你遠遠不應讓關心怎樣糾正、改變或輔導你的孩子，而應該為了他們給你的教導感謝上帝。你的內心在多大程度上充滿對你孩子的感激，他們便在多大程度上會得到他們最需要的核心教育——知道他們真的蒙愛、得到珍惜和喜悅。只有真正感恩的父母才能夠給孩子確信，知道他們是無條件的愛的焦點。

不過，有一個小小的困難。有很多時候，我都沒有為了我的孩子而心存感激。我假設即使在那些時刻，我都在真正重大的本體、形而上的意義上心存感激。在我們的核心，大部分父母都為了自己的孩子而十分感激。但只要孩子在一個煩躁的晚上嘔吐，星期天晚上突然發覺要交科學習作、說謊、在店鋪盜竊、未婚懷孕，或者堅決離開上帝，便足以令我們忘記感激。我們的孩子令我們蒙羞時，冷漠是遠為容易的事情。在最糟時，我們可能以責備、憤怒甚至拒絕來對待他們。

我們以前在想甚麼？

大部分時間，我們都為自己的孩子而心存感激，卻沒有特別留意到，有些時候我們的喜樂和感激發出完全的光彩。還有些時候，我們問自己：「我們以前在想甚麼？」開始時，我們大部分人都沒有考慮為人父母在情感和靈性上的代價。而即使我們能夠考慮那代價，也不可能估計我們將展開的是怎樣的旅程。

我們最初的喜樂產生後，麗貝卡和我面對的最複雜現實，是怎樣將所有隨身物品——汽車座椅、手推車、尿片袋、玩具和笨重的攝錄設備——從家裏搬到不同的目的地。這些只是路上物流方面的障礙，而且只是小小的障礙。大部分父母甚至不能開始想像他們的孩子會怎樣完全改變他們，這改變甚至直達核心。我知道我從來都沒有懷疑這點。

幾年前我有幸在一個危機懷孕籌款場合中演講，聽到一個很好的故事，是關於一個父親透過女兒被改變的。當時我因為自己的孩子而疲憊不堪，對生命也感到厭倦。正如經常出現的情況那樣，當我想放棄時，上帝透過別人的故事給我新的異象和新的盼望。這個故事將我的心由「**我以前在想甚麼？**」這個問題轉向一個新問題：「**上帝，祢想要甚麼？**」

那天在危機懷孕中心，我聽到一個了不起、不可思議而平凡的男人那生命改變的故事，那男人的名字是大衛（David）。自從那時開始我便不再一樣。

大衛在南部成長，當時民權運動仍未全面來臨，種族隔離是常遇的一種生活方式。他上不同的學校，從只有白人才能夠用的水泉喝水，去戲院看戲時，黑人孩子要坐在搖搖欲墜的樓座，白人孩子卻可以坐在正廳。事情就是這樣。

他的生命沿著他那個社會階層的人的典型路線走。他上大學，有一份好工作，有一個家庭。後來大衛的太太開始在一間危機懷孕中心工作。他十分支持太太，但有自己的商業、教會和哥爾夫球世界。他偶然會參加太太的支援生命事工。

他太太最終成了中心的主管。吃晚飯時，家人的談話充滿生命得拯救這些令人喜悅的故事，也有關於破碎家庭和經性行為傳染疾病的令人心碎的描述。這可能不是正常、中產家庭晚飯時的談話，但整家人都投入那支援生命的努力中。

一天，大衛的太太打電話給他，要他去危機懷孕中心。他到達時，太太告訴他，他們十多歲的女兒懷了孕。大衛身心交瘁。當他知道經手人是非洲裔美國人時，變得十分憤怒。他的女兒不單不理會上帝對婚前性行為的禁止，更越過文化界線，違反了他從童年開始便遵守的社會禁忌。

突然間，是否繼續讓女兒懷孕，這決定變得比預期的更難作出取捨。但一旦作出決定後，他們便不會考慮讓別人收養孩子。懷孕繼續，終於到了生產的日子。大衛在場，在自己外孫出生後不久，他便凝視著外孫的眼睛。

他立即墮入愛河。或許更準確地説，是愛降臨在他身上。大衛對六百個人説，他立即明白，他的外孫是他的骨肉。他外孫是黑人，因此新的外祖父也是黑人。在種族隔離的南方長大，後來支持種族融和，但卻沒有信念、也沒有悔改的白人男人，卻在一刻之間，內心成了黑人男人。

大衛説話時流著淚。我看著房間內那些南部的男女，看到數以百計的人都在流淚。也有些人臉孔繃緊、嚴肅、極力保持儀態。對這些人來説，大衛將自己標誌成外人和陌生人。而這個外人因為自己的外孫而流著喜悦的眼淚。

我從不曾感到福音比這一刻更惹人反感和美麗的時候。大衛結束演講時向女兒表示感謝，她坐在主家席上。大衛説：「我不知道怎樣感謝你才足夠。你將一個自在和真誠的基督徒男人投進上帝的臂彎中。我成了一個明白自己的罪和上帝的愛，以致不再一樣的男人。」

大衛沒有用以下這句話，但若他這樣説也是完全恰當的：「你令我成長。你養育我認識上帝。」我們的孩子是一扇門，讓我們從中經過，面對面看見上帝。

上帝現在想甚麼？

我們甚麼時候為自己的孩子而心存感激？我們甚麼時候因為他們而感到喜悦，不能控制我們的快樂和蒙福的感覺？

那往往是在他們因為測驗有好成績，或者剛好在結束比賽的長哨子吹起前跳射入籃，顯示他們那良好的基因傾向的時候。我們的孩子實現我們的夢想，滿足我們的期望時，我們便容光煥發。

但當你的兒子週末去探訪哥哥，回來時給你看一個新的紋身時，那光輝便消失。或者當你女兒帶新男友回家，而那男孩是另一個種族的人時，那便是完全不同的故事。我們的感激很容易被破壞，被那些完全無關重要的表面問題所破壞，或者那些只是父母在私人或生命喜好的方式上感到重要，但卻與孩子的好處卻完全沒有關係的問題所破壞。

其中一個困難是我們太以孩子為導向。我們花太多金錢和時間在以孩子為導向的事情上，這與我們應該從孩子身上感受到的簡單和深刻欣賞競爭著。反過來，我們花金錢和時間將孩子拖去參加網球比賽、上音樂課、參加辯論會，以及很多其他活動，令孩子感到自己理應得到這一切，又令父母感到自己的孩子令自己消耗太多精力、時間和金錢。這種感覺引致「我的孩子欠我很多時間」這種態度。

從沒有一個時代，父母好像我們花那麼多時間、金錢和精力取悅孩子。也從沒有一個時代，孩子對父母表達的尊敬、親密和尊重好像我們這個時代那樣少。可惜，我們很容易為此怪責我們的孩子。但一個八歲、十六歲或二十二歲的人，他們對於自己父母的失敗實在只有很少責任。是時候讓我們為自己不能成為好父母而負上責任。

朝解決問題走的第一步，是承認我們放錯了焦點。如果我們檢視一下那大量——實際上是**過量**——關於怎樣為人父母的錄影帶、指南、會議和雜誌，便會發覺焦點幾乎總是在於怎樣對待你的孩子，而不是成為好父母是甚麼意思。參與更以孩子為焦點的活動，令我們感到我們彷彿在進步，但其實它卻加深我們對自己孩子的怨恨。

在這些養育孩子的資源中，我們找到一些人們大致同意的品格質素：誠實、公正、一致、關心、憐憫、同情、愛、委身和力量。沒有人應該批評清單上的任何一項。但告訴我們，我們需要遵從這些品格，並堅持我們的孩子也這樣做，究竟有多大幫助？

我問成年人怎樣才是好父母時，他們模仿治療業界的心理囈語，或者父母運動中更保守的一翼提倡的最新餵飼日程表和體罰技巧。然後，他們可能拋出一點林伯（Rush Limbaugh）或辛普森（Homer Simpson）的話，視乎他們花更多時間在哪個流行文化偶像上。但當我問父母他們**從孩子身上學到甚麼**時，他們便面無表情。當我問他們：「你們的孩子怎樣改變、轉化、救贖你們的生命？」時，他們更懷疑地盯著我，彷彿我穿著七十年代、淺綠色的聚酯便服套裝。

上帝要我們的孩子訓練我們，就好像祂要我們訓練和引導我們的孩子一樣，為甚麼是這樣難以相信？上帝設計孩子成為最有資格挫敗和粉碎父母的自大和自義的人，何以如此不可思議？為甚麼我們不將學習的責任，放置在與父母正確地模塑孩子的內心和思想這責任的同等地位上？

如果我們想成為好父母，我們必須學習閱讀我們的孩子。而這需要學習怎樣聆聽我們的孩子——這是生命其中一個最困難、要求最高的任務。我們在多大程度上按上帝怎樣書寫我們的孩子來閱讀他們，便在多大程度上能夠掌握我們最應該認識和享受、難以表達的榮耀。上帝想透過我們的孩子向我們啟示祂自己，就好像祂想我們教導孩子關於祂的事情那麼多，如果不是更多的話。除非一個人——特別是成年人——有孩子的信心，否則他或她永遠都不能夠進入上帝的國。[1]

這是多麼激進的宣稱！除非我們好像孩子那樣親近耶穌，否則我們沒有承受天國的盼望。要好像孩子那樣與耶穌相遇，我們必須好像孩子那樣有需要、要求和不成熟。孩子受到注意，不是因為他們對長遠的事那深刻的掌握，也不是因為他們有能力自然地以即時的快樂換取遲一些更大的快樂。孩子不擅長關係上的複雜——解讀動機、辨別計劃、轉移結盟——因此他們對簡單和真實的事情展示更大的誠實和開放。沒有穿衣服的國王始終都是沒有穿衣服的，無論我們花多少金錢和時間編織他的幻象。我們必須以完全的誠實和需要親近耶穌，而沒有人比我們的孩子更有資格向我們指出那條路徑。如果我們想親近上帝，孩子是專家嚮導。

讓我在開始時提出這個宣稱：改變視角不單會增加我們養育孩子的喜樂和自由，長遠來說也會邀請我們的孩子與我們一起繼承永恆的生命。而它會實現這些事情，毋須將我們往往錯誤地迫使孩子背負行李和重擔。這不單會給我們自由，在為人父母時有更多樂趣；也會容許我們的孩子更有效地模塑我們的心靈。這是我能夠想到，最富吸引力的雙贏安排。

如果你是年青的父母或者即將成為父母，你很可能對前面那條崎嶇的路感到有點恐懼。我想你知道，上帝已經建立了一個解除你的恐懼並給你信心的系統。如果你是有經驗的父母，甚至你的孩子已經離開了家，這本書也有同樣多的話對你說。一日為人父母，永遠都是父母——即使你很少見到你十多歲的孩子，或者你的孩子已經有自己的孩子。他們可能離開你的家，但從沒有離開你的心。一個新和刺激的為人父母時代正在等待你，那時代裏，不單有你那些已經成為年青人的孩子，也有你的孫兒和外孫。在學習聆聽我們的孩子時，我們最有生氣和預備好轉化，而學習永遠都不會太遲。

讓我們翻開這本書，開始聆聽的過程吧。

註　釋

1. 參太十八3。

第一章

聆聽你孩子的聲音

怎樣回答他們兩個核心問題

衰老是無可避免的，而能否變得成熟卻是不確定的。我們的身體在短短八十年內從嬰孩步向老年。不過，這個身體成長的過程並非總跟內在的人（inner person）相配。有些人在老年時去世，但卻沒有真正超越青少年。另一些人在年青時死去，但內心取得的重量和深度卻遠超過自己的年紀。

成長相對於單單變老，驅使我們接受喜悅和哀傷。要成熟，我們必須學習受苦而又不屈服或變得剛硬。要成熟，我們也必須學習投入喜悅而不要求它總是存在，不在它離開時製造虛假的喜悅。或許還有很多其他方法衡量成熟，但全都圍繞哀傷和喜悅的音樂舞動。

我們怎樣接受——或拒絕承受——哀傷和喜悅會界定我們的生命。如果我們屈從於哀傷，我們會變成懦夫。如果我們容許哀傷令我們剛硬，我們會變得冷漠，最終變得殘忍。如果我們要求喜悅永遠存在，我們會變得自耗。如果我們製造一種虛假的喜悅，我們的生命會充滿衝動和上癮。生命要求我們成長或停滯。雖然面對自己生命的這個事實是困難的，但要我掌握我孩子的這個事實則更困難。我知道自己必須受苦、掙扎、成長，有時需要失敗，才能夠成熟。但當這現實顯示它對我的孩子來說同樣真實時，我卻很難忍受。

哀傷的聲音

我聽到低沉的哭泣聲從我十六歲的女兒的房間傳出。房門關上，她的CD機試圖掩飾她的痛苦。但在歌曲之間音樂靜止之時，我可以聽到她在哭泣。我將耳朵貼在房門上，正如每當我害怕我的孩子受到傷害威脅時那樣。（嘗試想像我最大的女兒在另一次靜靜計劃推翻政府或與朋友的祕密約會後，打開房門，看見她失去平衡的父親倒在地上時，她的震驚和鄙視。如果你在偷聽，不要靠在孩子的房門。）

哭泣繼續時，我站在女兒的房門外，呆立著，不肯定應該怎樣做。我應該敲門嗎？我應該等到稍後吃晚餐時問她今天怎樣嗎？我應該走開、祈禱、找點事做，或者努力嘗試不要擔心嗎？為甚麼沒有人告訴我應該怎樣做？去愛我的孩子，告訴界限和後果，對他們要有耐性，這一切我都有足夠的知識。但我應該怎樣對待眼淚？我應該讓她自行解決，還是大膽地進入沒有男人——特別是父親——曾經進入的領域？

我敲門，沒有聲音。音樂繼續，但在有迹象顯示有潛在的入侵者時，眼淚乾了。入侵者再次敲門時，我女兒應門，因為受到騷擾而憤怒。匆匆一瞥已經告訴了我一切。她很痛苦，但不想別人幫忙。現在我才是問題，我最好消失。但正如我在滑雪時那樣，我已經以下山為目標，由於某種自然的力量，我全然投身其中。我向山坡下面直衝，無論我女兒做或說甚麼。

我不知道你養育兒女的固定模式是甚麼，但每當我有疑問時，我的模式是說出明顯的事實。我開始說：「我聽到哭聲。房門關上。你現在沒有哭，卻在皺眉頭。我知道私隱對你來說比食物更重要。你現在裝出一張鬼臉，嘟起的下唇比你的鼻子凸得更出。」

最後一句話將情況改變。她稍為放鬆。一個微笑升起，然後又消失，好像西雅圖冬天的陽光。但有短短的一刻，榮耀的一刻，我們有連繫，她讓我以人（而不單是父母）的身分站在門外。

她沒有邀請我進入房間，但我聽到她簡略地描述她與兩個朋友的爭執，她們在一個她喜歡的男孩面前侮辱她。她沒有邀請我進入她的房間，或許是因為她看到我眼中的憤怒。我認識她那兩個朋友，我想在公眾地方將她們迫入困境，讓她們一嘗她們給我女兒的苦藥。在她們因為父母、男朋友、學校或生命的其他災難而受苦時，我的大女兒總是給她們支持，但她們竟然敢傷害她！

我寧願捱一顆子彈也不願意看到我的孩子受苦。但我不能夠這樣做。有時我可以保護他們，但那些時候實在太少，相隔得太遠了。事實上，如果我警告他們即將有危險，或甚至跳到正在駛來的火車前面，往往會增加他們的痛苦，阻礙他們成熟的過程。因此，我甚麼時候應該跳出去保護他們？甚麼時候應該痛苦地站著，只是觀看和等候？我想有答案和解決方法！

有時我除了給予表揚其英勇的手勢外，甚麼也不能做，無論那是多麼無用；其他時侯，我可以輕而易舉地做妥一些事情，但我必須退後，讓事情自行演進。我想我的孩子成熟；我只是不想他們透過受苦才成熟。但你不能只有其中一樣，而又不要另一樣。

喜悅的聲音

還有八分鐘，我們那一隊落後四對十二。我讀中一的兒子安德魯（Andrew）在中學的曲棍球隊中是第二組的守門員。我們正參加區域決賽，得勝的一隊會參加州份比賽。我們以前贏過對手，比賽十分緊張刺激。但由於某個原因，我們的一隊表現得呆滯和緊張。比賽開始逐步結束，似乎沒有希望時，我的兒子被派出賽。球隊的人羣開始喊他的名字：「安德魯、安德魯、安德魯……」每次人們喊出他的名字，我的胃部都抽緊。他面對第一流的球隊，他們不單想大勝我們的球隊，也想大勝我的兒子。

安德魯出場後，不到一分鐘，第一個進攻便來到。射手將球打向前場，我可以看到我的兒子的身體綳緊，雙眼睜大。第一擲拋向他的頭，那堅硬的球速度快得看不清，我不自覺地閉目摒息。我再次睜開眼並呼吸時，看到安德魯敏捷地以球門棍接了那個球，將球拋給一個隊友。羣眾呼喊。我可以看到他的呼吸減慢，面部肌肉放鬆。然後我看一看鐘，發覺我還要多看著這樣的情景七分鐘。

那是生命其中一個最古怪的組成部分。我們想成功，我們成功時有一種好像是喜悅的感覺。但如果我們確信喜悅是建基於表現，我們便會感到有愈來愈大的壓力，總是想要成功。而壓力愈大，我們便愈容易失敗。這樣，喜悅便增加痛苦。

比賽繼續，時間緩慢地過去。安德魯擋出六次進攻，但對方終於入了球。他的表現比第一組的守門員好，但還是給對方入了一球。但現在他陷於表現好的喜悅和球隊輸了比賽的痛苦之間。球賽結束時，很多人因為他的良好表現而恭賀他。但當我將手放在他肩頭上時，他將我的手甩開。他不想他爸爸在他朋友面前碰他，我懷疑他也不想任何人碰他的榮耀，取去其中一分，或干擾他披著的脆弱披風。

我們上了車後，我不知道應該說甚麼。我已經告訴他，他的表現很好，我以他為榮。我問他教練說了甚麼（「沒有說甚麼」）。我很想分享他的喜悅，但他堅持不讓我入侵。我感到孤立和受傷害。為甚麼那些專家不告訴我們，我們會因為孩子的成功和失敗而感到孤單和孤獨、嫉妒和妒忌、迷惘和憤怒？還是只有我才是這樣？

兒女怎樣養育父母

雖然看著我們的孩子長大是困難的，但與讓我們的孩子使我們長大相比，那只是在公園散步。為人父母是生命中其中一個最可怕、緊張、令人懾服和喜悅的經驗。我們在那裏經驗生命中最了不起和不尋常的恩賜時——由自己的孩子令我們成長——成為成年人（如果我們會這樣的話）。

對我們有責任養育孩子，這是毫無疑問的。我們比他們更年長、有智慧和經驗。生命的挫折預備我們，讓我們看穿現時的災難，或者短暫但充滿朝氣的成功。身為父母，我們必須成為孩子的長老、教練、輔導員、導師、啦啦隊隊長。換句話說，父母必須做父母。

不過，要成為**偉大的**父母，我們必須容許我們的孩子模塑我們的生命。我們必須不單引導和模塑我們的孩子，也必須以生命的學生這個身分來到他們面前。如果我們容許，我們的孩子會令我們成長，變成成熟的成年人，給他們一嘗天國。因此，那祝福同時給予我們和孩子。

成為偉大的父母是一個學習過程——它不涉及我們跟從一些規則。但要在這個學習過程中成功，我們必須放棄兩個普遍的神話：我們必須放棄「正確的影響保證會帶來我們想得到的結果」這個神話，我們也必須拋棄我們對「正確的原則能夠保證成功」那堅定的信心。這個學習過程要求我們改變實踐和轉換信念——兩者都並不容易。但如果我們謹記我們的孩子養育我們，並在這樣做時，令我們可能好好地養育他們，這便完全是可能的。

檢視和拋棄神話

我們都有一個主要目標：養育我們的孩子，令他們成為榮耀上帝、捨己、充滿愛和生產力的成年人。不過，在朝這個目標努力時，我們需要先驅散從我們的養育中偷取力量的兩個神話。讓我們首先看正確的影響保證會有我們想得到的結果這個神話。

正確的影響真的保證會帶來我們想得到的結果嗎？

我們假設，如果我們給孩子一個「良好」的家——愛、正面的經驗、紀律、優質教育和足夠的成功機會——他們便會頗為順利地由童年過渡到青少年。我們期望良好的家庭生活可以輕易地將我們的孩子由童年帶到大學到婚姻、家庭、事業和公民責任；如果不是完全輕易，至少也有足夠的信心。我們相信這個過程是無可避免的，是負責任的養育的因果關係，會在將來生產出適應良好和富生產力的成年人。也就是說，如果我們可以令孩子遠離不守秩序的朋輩、有害的傳媒，以及青少年文化的性和暴力，便一定會有這樣的結果。

我們緊抓這個「良好影響」的神話，彷彿它是來自上帝的應許，而不是視它為實際上是一廂情願的宗教思想。這個神話始於一個假設：大部分中產家庭至少有一個父母在場，更很可能有兩個，他們會提供足夠的照顧和監督，幫助孩子由童年過渡到成功的成年；而且帶來的不單是成功的成年，更是孩子在成年時有超越父母的成就。

這個假設實際上來自文化多於聖經。它源自文化期望「良好」的父母為孩子提供父母年少時得到的一切——和**更多**——好處。我們的孩子會站在我們肩頭上，從梯子向上爬，或者那邏輯就是這樣。如果我們盡我們的本分，幾乎可以保證我們的孩子會由我們的努力、禱告和信心帶到個人、社交和靈性的成熟。當然，我們的努力由我們支持的社會制度的正面影響支持，包括教育系統、教會、童軍、音樂教師、體育活動等等。

我們很難反駁這個假設。表面看來，良好影響的力量似乎是不容置疑的。由關心與投入的父母養育的孩子，不是大都變得很好嗎？即使是在青少年時期經過艱難的日子的孩子，最終也似乎都能有全職工作、結婚、加入有生產力的公民這主流中。父母在孩子成長時作出犧牲，過負責任的生活，然後便享受看到孩子成為負責任的成人這回報。至少，我們假設這個因果關係是真實的。

不過，研究顯示，如果父母假設他們的影響和參與會自動產生成熟、有生產力的成年下一代，便是太容易受騙了。性方面的冒險主義正在增加。緊隨汽車意外之後，暴力是青少年的頭號殺手。在學校作弊被視作「為了合格的緣故而可以接受的方法」。今天的青年人更可能不結婚，較少年青夫婦有孩子。在基督教家庭長大的孩子，少於百分之十七最終會參加教會。[1]我們的孩子需要的不單是穩定的家庭環境。如果他們要真正變得成熟，我們必須超越無可避免的影響這個神話。

正確的原則真的保證成功嗎？

這一切帶我們到第二個神話：我們對正確原則的力量那基本的信心。我承認，回顧我們的父母怎樣養育我們——特別是如果他們屬於二次大戰的一代——會似乎證明有原則的養育那崇高的承諾。深受讚賞的最偉大一代贏了一場世界大戰，然後提供一個安全的環境和教育系統，預備他們的兒女上大學或者有好的職業和自己的家庭。我們的父母將他們養育兒女的模式建基於牢固的原則上，在大部分情況下，這似乎是有效的。

我父母滿足於令我忙於進行健康的活動（並避免入獄）。他們確保我完成家課、參與運動、練習我樂隊的樂器。養育兒女不是火箭科學，它也不需要很多思想。它要求穩定的手，以及專一地委身於製造成就比父母更大的孩子這個目標。

但這是過去的事。改變的文化令養育兒女成了要求更高和更危險的呼召。在幾乎每一方面，我們今天都活在更危險的世界。在一九六〇年代，市郊的兒童上學時不會想到自己會否被同學槍殺。很少中二的學生在戲院遇到朋友會預期會有集體的口交行為。收音機不會播放鼓吹強姦和謀殺年青女性的歌曲。但在我們的孩子的世界，性被貶低，暴力受到推崇。我們的文化推崇犬儒，並不是甚麼祕密。我們還可以有甚麼其他選擇？

我們的文化繼續處身激烈轉變的陣痛中。危險是大的，而失敗的後果令人懾服，因此我們要求權威人士告訴我們怎樣做。在混亂和不確定的時期，合理的原則能夠平息恐懼。有哪個思想正常的父母不想拯救自己的孩子脫離我們這個墮落世界的禍害？

為了回應這個渴望，提倡有原則地養育的人提供一個保證：如果父母遵守正確的聖經原則，並加上一點心理學洞見，他們持續實行這些原則，會為孩子提供基礎，讓他們逃避傷害，朝健康和盼望成長。只需依從原則，你和你的孩子便會成功。

但這個保證有丁點兒靠得住嗎？生命並不是沿著直線展開，我們的孩子不是電腦程式。養育兒女絕對不是科學事業；它是混亂和冒險的，而且是信心的飛躍。即使最好的一套原則都不能夠回答養育兒女中最重要的問題：「我真正需要做甚麼，才能夠確保我們孩子會沒有問題？」

需要有人知道應該怎樣做！

這是證明是真實的保證：閱讀聖經，你會找到值得依從的原則。但如果你尋找絕對的保證，是關於你的孩子會變成怎樣的，你只會徒勞無功。如果有人給你這樣的承諾，也不要相信。

每次我走進書店，都會看養育兒女的一欄，看有甚麼新書出版。我通常首先找關於應付青少年的書籍。我的兒女年齡介乎十四至二十二之間，對於看看專家有甚麼話說，我的興趣不單是學術性的興趣。我真的需要幫助。

我家裏近期一個「典型的時刻」說明了我真的需要幫助。從在車庫的辦公室走到家裏，我聽到兩段生動的對話，它們顯示我最好的行動是撤退。我太太正在責備我的兒子，而我的小女兒正在向姊姊咆哮。如果我聰明的話，我會悄悄從門口走出去。

安德魯沒有完成一份英文習作。我們的大女兒安妮（Annie）拿了妹妹阿曼達（Amanda）的一條牛仔褲。而且我太太很不高興。有人忘記了拿雜貨，在晚餐前有四項雜務要孩子和丈夫完成。那時我想要的是一點小食，或許加上簡短的閒談，然後很快回到我在家裏的辦公室。但卻不能夠這樣。我步進的境況令我想起一些關於第一次世界大戰塹壕戰的電影場面。你知道那情景是怎樣的：敵軍正在前進，令你無論抬起頭、向前或向後都有危險，但按兵不動也不是可行的選擇。你的位置在任何一刻都可能被佔領。你身處不能得勝的境況，但你必須做**一些事情**。

我想找出一個不單想出怎樣有效地養育兒女，而且還能在自己家裏將這工作做得完美的專家。這個人可以向我示範，怎樣將這些毫無吸引力的家庭戰爭時刻，變成有溫暖的連繫的快樂時光。

或許我的孩子需要更多管教。或許我和太太需要減低一點壓力，讓他們可以單單成為孩子。我們是不是沒有花足夠的時間為孩子禱告？我們的家庭可能需要更多有質素的時間，或者我們仍沒有找到正確的運動、樂器或教會的青少年小組。我們的處境要求專家的智慧，而不是普通父母那混亂的思想。

現在讓我們回到現實。大部分人都知道沒有專家對面對每一個孩子、父母和家庭的眾多問題時都有辦法。包含良好養育兒女原則的書籍，最多只是從三萬呎高空拍攝的照片。它讓我們對下面遠處的地形有一個廣闊的視野，但卻很少在真正重要時，提供關於怎樣選某一條路而不是另一條路的指引。我們走在上面那條平順的路突然間出現分叉，而兩個選擇都同樣崎嶇不平時，哪裏有原則高喊：「選甲那條崎嶇的路，不惜一切避免乙那條崎嶇的路吧！」這些就是我需要的原則，但我一生都找不到這種原則。

超越原則，進到過程

天空晴朗，每個人都很高興，孩子好好成長時，我們感到自己一定是世上最聰明的父母。但當我們被困於叢林中時，我們才發覺自己的限制，呼求**解決方法**。朝解決方法走的良好第一步，是明白我們呼求幫助時，有廣泛的原則和工具、直覺及上帝提供的推動這些優勢。但還有另外一個幫助的來源，是我們所有人幾乎都完全忽略的，那就是在我們身邊的專家——我們的孩子。我們必定不單要轉向有用的原則，也要求助於向我們的孩子學習怎樣養育他們的**過程**。而這個學習過程始於學習聆聽他們的聲音。

我從車庫的辦公室走進屋裏時，我的兒子在母親表達因為他沒有完成一份主要家課而感到不高興時保持沉默。他的面部表情顯示他不高興，但沒有變得傷心，而且他十分不願意完成那份家課。如果他有悔恨，似乎只是因為他被逮個正著而感到不高興。聆聽他的聲音（即使當他沉默時），並真正看到他的臉傳遞他內心甚麼思想，究竟是甚麼意思？他雙眼在講述一個故事。他面部的肌肉繃緊，充滿沒有表達的憤怒。

阿曼達指控姊姊拿了她的牛仔褲時，她的聲音是尖鋭和充滿怨恨的。安妮藐視她，沒有被她的指控影響。聆聽她們的聲音是甚麼意思？我們必須更擅長聆聽在實際説出的話背後所藏的意思。我們必須學習怎樣閱讀我們孩子的核心問題、指控和邀請。

聆聽核心問題

從離開母體第一天的生命開始，每個孩子都問兩個核心問題：「我是否蒙愛？」和「我可以為所欲為嗎？」這兩個問題伴隨著我們整生，而我們得到的答案定下了我們怎樣生活的路。

身為父母，我蒙召不單準確和持續地回答這兩個問題，也要同時回答它們。為人父母並不困難；而是不可能。安德魯離我很遠，漠不關心的目光現在注意著其他問題：「我不能遲些才做家課嗎？媽媽，為甚麼你不能替我完成習作？而且，為甚麼現在不是仍是暑假？」在這時刻，我怎樣回答那兩個問題？

否決安德魯晚上的計劃，要他完成習作不會太困難。但這是他最需要的嗎？這是否關乎將他留在家裏，擁抱他，提醒他我們愛他，這樣做是為他好？對「我是否蒙愛？」這個問題，不能夠輕易以廉價的安慰話回答。另一方面，真正聆聽他的聲音，並非表示聆聽他多麼疲倦，要做這些工作是多麼不公平，然後放過他，讓他不需要完成習作。對他「我可以為所欲為嗎？」這個問題說可以會是廉價的恩典，由懶惰或害怕回答不，而不是由對我兒子的真愛推動。

上帝想用這兩個核心問題驅使我們面對生命的本質最深刻的問題。一個哭哭啼啼的孩子可以問：「我那麼疲倦，你不能替我完成嗎？」那孩子實際上可能在問：「如果我這個測驗最終不合格，你還會因為我而感到高興嗎？」我們只能夠藉著學習閱讀我們孩子的傾向，容許他們教導我們，他們在那刻對我們最深的需要是甚麼，才能夠辨別那不同。而且，我們對自己的生命也要提出和回答那兩個問題：「我是否蒙愛？」和「我可以為所欲為嗎？」只有當我們自己知道答案時，我們才能夠給我們的孩子肯定、豐富和深刻的回答。

我不能好好地回答我的孩子這兩個問題，顯示我自己需要更圓滿地知道和經驗那些答案。事實上，我的孩子關於我不能夠很好地回答的指控，是要打開我的心去聆聽上帝的聲音。這是我的孩子幫助我成熟，變成真正的成年人的其中一個方法。

聆聽核心的指控

雖然我們較早時看到關於保證的一些事情，但對養育兒女的確有一個保證：我們都不能同時準確地回答那兩個核心問題。當我們的答案有所偏離時，我們便變成孩子指控的目標。他們的話將我們帶回到對真正聆聽他們的需要。

有時我的兒子需要清楚地聽到：「你不能為所欲為，」但我卻懶惰或者太忙，忽略了他的聲音。我沒有回答時，他便學到，在某些時刻或某些方面，生命的法則並不適用於他，如果他有耐性或者狡猾的話，便可以得到自己想要的東西。有時我的女兒只是需要我溫柔地觸摸她肩膀，承認生命可以是艱難的。但有時我太專注於自己，沒有回答說她實際上是蒙愛的，只是叫她不要再抱怨，應該完成工作。我們很容易以回答他們沒有提出的問題的答案回應孩子的聲音。

或許更常見的是我們不能處理沒有那麼明顯的問題。我小女兒因為姊姊拿了她的牛仔褲而對她感到憤怒是一個經典例子。阿曼達心情很差，準備爭吵。她想成為宇宙的女王，但沒有人會跪下。和她談一會，便發現她對那天較早時感到失望，好像爪中插了一根刺一樣。一旦那根刺被拿走，那隻爪包紮好，她姊妹借去的那條牛仔褲便成為了讓她可以穿姊姊的皮裙子的交換條件。她們之間的交往很快變成玩樂和仁慈。但阿曼達的核心問題：「我是否蒙愛？」需要首先得到回答。

我們不能聽到他們真正的問題時，便不能回應我們孩子最深的渴望。我們不能聆聽時，便會傷害我們的孩子。那是在他們大致以一個指控回應時：「為甚麼你那麼憤怒？對我那麼沒有耐性？為甚麼你不能夠仁慈？」想一想我們不能夠聆聽我們孩子心裏的真正問題時浮現出來的各種衝突。

看一看下面的圖表（圖1），它將我們孩子的兩個核心問題連繫到父母最常見的回應。我們怎樣聆聽和回應孩子的聲音，會為孩子帶來好處或害處。回答這兩個核心問題，共有四個選擇，但大部分父母以三個有害處的組合的其中一個作為回答。但只有第四個組合才會帶來好處。

我可以為所欲為嗎？

我蒙愛嗎？	可以	不可以
不是	危險 / 貶損	受規則束縛 / 乏味
是	縱容 / 疏遠	能力 / 喜悅

危險和貶損的回應

經常以「你**可以**為所欲為和你**不**蒙愛」回答這兩個問題的父母，他們所養育的孩子會明白他們的父母不關心他們做甚麼，也不享受他們。由於父母不願意忍受強加界限的艱難，也不願意接受真正愛孩子的喜悅，他們的家是沒有靈魂和不人道的。

這些父母不能夠反映上帝的能力和憐憫。孩子需要經歷強加的界限和恰當的紀律的力量，以及完全蒙愛的憐憫。不能反映出這兩方面的上帝性情的的家庭，要不是積極地虐待，便是走向另一個極端，父母完全不干涉，在感情上遠離子女，甚至不會留意孩子的來去。

這種家庭的孩子缺乏良知，也不關心別人。男孩的典型情況是學習憑自己的智力生存；女孩則會以自己身體的本錢來生存。這樣我們便會得到陽剛、自我中心的運動員，和以性換取自己想要的東西的女孩。在這樣的家庭成長的孩子，必須在其他地方找尋愛和規則；而他們對愛和規則的追尋，通常會引致以羣黨或其他團體作為家的替代品。

縱容和疏遠的回應

很多父母回答說：「你**可以**為所欲為」和「你**是**蒙愛的」。他們的孩子缺乏力量，成長後只認識一種偽裝的溫柔。這些父母往往是家境很好，受過良好教育，關心公眾形象和外表多於孩子的內心。他們透過禮物、提供保姆作為替代的父母，或者過分保護，過分佔有的關心來傳遞愛。這樣的孩子往往是冷靜和能幹的，但卻缺乏信念和品格的力量，這些力量是透過接觸一致的界限而培養的。

這種家庭的孩子很可能指控父母操控，因為父母不願意接受苦難，而他們的喜悅也是在家庭以外。孩子的指控透過發洩、製造麻煩或挑戰界限，看有沒有人強得足以真正關心，從而浮現出來。這些孩子希望得到恰當的紀律的力量，渴望經歷真愛和喜悅。

受規則束縛和乏味的回應

若回答說：「你**不能**為所欲為」和「你**不是**我們的喜悅和樂趣」，這樣的父母往往建立保守的家，特點是有嚴格的規則，清楚的後果，以及對孩子有很高的要求。同時，這樣的家往往缺乏溫暖、謙遜、歡笑和眼淚。孩子的表現很好，服從規則，也透過努力和堅忍而成功。他們缺乏的是熱情、趣味、玩樂和遠象。

這種家庭的孩子指控父母自義和乏味。父母缺乏喜悅，只願意忍受強加規則的不快。孩子的指控透過沉默和情感的疏遠而表達出來。他們視父母為神明或冷漠、自義的暴君。孩子對這種成年人的回應是保持有禮和疏遠。

能力和喜悅的回應

第四個選擇是對每個孩子的兩個核心問題惟一正確的回

答：「**是的**，你是難以置信地蒙愛」和「**不**，你不能為所欲為」。這兩個答案給孩子能力，以無條件的愛的喜悅留意他們的好處。可惜這個組合是今天孩子最少得到的回答。太多父母逃避對第二個問題回答所涉及的不安和不方便。同時，不願意接受喜悅令很多父母不以響亮的是的來回答第一個問題。

我們的孩子渴望知道自己得到無條件的愛，透過失敗和成功，無論他們說或做甚麼。而雖然很少人會承認，但他們渴望經驗伴隨著恰當的界限而來的保障和舒適。在我們的孩子繼續問這兩個問題時聆聽他們，當中最美妙的部分是他們邀請我們帶出正面的改變——在他們和我們自己的生命中。

那些問題是邀請

我們的孩子提出那些核心問題時，他們還在想另外兩件事情：「我的家庭有甚麼問題？」和「我可以怎樣解決事情？」所有孩子都不自覺地嘗試修整父母和改變家庭生活的結構。如果我們真的在聆聽，我們會聽到孩子在嘗試激起改變時沒有說出來的話。我們的孩子邀請我們成長，成為**完全的人**。這個邀請以沒有說出的問題發出：「你會和我一起哭嗎？你會擁抱我嗎？你會堅強得足以面對你自己的失敗，以我父母的身分成長嗎？」

每個孩子藉著問兩個核心問題，提出一個驚人的邀請：「你會愛我並且堅強嗎？你會提供一個世界，讓我在短短的幾年內以熱誠和玩樂去經歷，並知道我即使失敗，也不會失去你的喜悅和喜樂嗎？」

如果我們學習聆聽我們的孩子，便會找到一個寶貴的真理：他們所十分渴望的，是我們也能在**自己心中**找到的相同核心渴望。我們聆聽時，學會向創造我們、呼召我們成為父母的上帝提出同樣的問題。我們會問祂，如果我們冒很大的危險，拋棄一些受尊重的規則，有時在努力好好養育兒女時大大地失敗，祂會否仍然因為我們而喜悅。我們也會學習聆聽祂給我們的回答：「**是的**，你比你能夠測度的更蒙愛」，和「**不**，你不能為所欲為。但在你尋求我的路時，你會找到你心裏可以知道的最深滿足。」

註　釋

1. Jon Walker, "Family Life Council Says It's Time to Bring Family Back to Life," *BP News*, 12 June 2002。可以在 www.bpnews.net 找到。

第二章

在原則以外，還要加上智慧

對不管用的公式的解決方法

專家令父母感到挫敗，他們暗示養育兒女的挑戰實在太複雜，凡人是不能夠應付的。這個暗示既真實又十分不真實。

那是真實的，因為上帝呼召父母效法上帝[1]——在完美的能力和溫柔中反映祂的性情——這個呼召是不可能的。耶穌是天父的親切面貌；祂為耶路撒冷哭泣，好像母雞想將小雞安全地聚集在自己翅膀下一樣。[2]在耶穌裏面，上帝溫柔和充滿憐憫地進入我們人類的狀況，渴望我們回到祂親切的照顧中。耶穌也是上帝的力量面貌，管教祂所愛的孩子，帶領他們到公義及和平。[3]耶穌完美地活出這兩者——能力和溫柔——但人類父母卻並不完美。無論我們多麼努力嘗試，我們仍然失足。

不過，説養育兒女的任務是不可能的，也是頗為**不真實**的。我知道這點，因為上帝喜歡給我們力量去實行，或者至少嘗試那不可能。只需想一想祂命令我們去做的那些不可思議的事情，包括祂呼召我們聖潔和完全。[4]想一想上帝訂立的高標準，聖經花在解釋怎樣預備聖所實行獻祭禮儀的篇幅，比花在解釋怎樣促進我們孩子的敬虔的篇幅更多，這實在奇怪。

這與我們解決問題的心態不大協調。我們想有包括簡易步驟的解決方法，想那些步驟用白紙黑字寫下來。但上帝並非總是這樣運作的。關於父母提出的問題，聖經不是詳細的指導手冊。它倒是不受控制的詩歌似的歷史，講述上帝與墮落的人類交往。聖經就無數事情給我們原則，包括責備和培育孩童，但關於在事情真的變得不肯定時，聖經對養育孩子更細微之處卻很少提及。而諷刺的是，正是在這些地方，我們最需要清楚的指示。

我們對失敗的恐懼，生產出養育兒女的研討會、錄影帶、衞星會議和雜誌文章這些龐大工業。這些取向的共同主題是：如果你「正確地」養育兒女，你的孩子便會避免常見的陷阱，變得很好。這個應許建基於三個假設：（1）聖經就養育孩子提出一個詳細和全面的策略；（2）聖經應許如果人們努力跟從它的原則，便會有正面的結果；（3）聖經預測壞父母會製造壞孩子。雖然這三個假設被廣泛接納為福音的真理，但它們都有嚴重的缺點。

聖經被扭曲成自助書籍，這實在可悲。事實上，它對今天父母面對的大部分事情都是沉默的。我們的消費者心態藉著發明新的原則，並假裝它們是聖經正典的一部分，來回應這種沉默。可惜，這些聖經以外的發明強加上帝並不要求的規則和限制到養育的事情上。這些以原則為主導的養育兒女方法，令我們對於運用自由和創意，採納順從我們的文化的取向，使得我們想「配合」每個孩子的獨特性來設定養育方式時，都會感到罪疚。

如果你列出在聖經找到的每一段關於養育孩子的經文，便會留意到很大的空隙。聖經很少談及兒童發展的階段，也很少談及怎樣管教，何時管教，或為了甚麼原因管教。聖經亦很少談及愛孩子，而且完全沒有談及培養自尊、處理朋輩問題、文化參與或者文化分離。聖經經常談及性特質，但卻沒有討論建立健康的身體形象。

不是應許的應許

聖經不單沒有提供全面的養育兒女指引，它也沒有應許如果你跟從所有規則，你的孩子便會變得很好。人們最常引用來作為給認真的父母保證的經文是箴言二十二章 6 節。《新當代聖經》（New Living Translation）的翻譯是：「教導你的兒女選擇正確的道路，他們長大時，便會留在那條路上。」這節經文似乎十分直截了當和樂觀，如果不是有退款保證的話：教導孩子對與錯，繼續幾年；他們長大後便會實行你教導的一切。

不過，這種樂觀的重述是對經文的誤讀。事實上，箴言在描述一種對生命的取向，而不是給予公式，應許人們渴望的結果。箴言邀請我們根據每個孩子的獨特「傾向」，按他們的自然傾向和學習風格教導他們。如果我們配合我們孩子的獨特性來工作，他們在成長時便不會偏離上帝所賜的傾向。如果我們將木材製成打獵用的弓，我們會順著木條形成的方式將它屈曲，而不是試圖向相反方向將它屈曲。箴言二十二章6節的智慧，是找出並依從我們孩子的自然傾向。這不是成功的保證，而是帶來良好養育的實際指引。

直接的經驗和其他父母的經驗，都叫麗貝卡和我知道，你可以令孩子留在主日學和青少年小組，直到他們十八歲。但孩子仍然會將生命弄得一團糟。我們可以因而假設孩子有「壞的」父母嗎？好意的人往往指出提摩太前書三章4至5節，那裏告訴我們，渴望成為長老的人，必須「好好管理自己的家，使兒女凡事端莊、順服。人若不知道管理自己的家，焉能照管上帝的教會呢？」經文似乎很清楚：如果你的孩子一塌糊塗，便證明你不知道怎樣管理自己的家。

對這個解釋最強的解毒劑，或許是檢查一下上帝身為父母的成功率。祂在舊約的孩子結果怎樣？上帝是**惟**一完美的父母，連祂那明智的技巧和無條件的愛都不能夠令祂的孩子不反叛。這不是對上帝的控訴；只是承認孩子的愚蠢。上帝愛和管教自己的孩子；但他們仍然選擇叛逆的路。

上帝完美地管理以色列國，但卻不能實現我們期望的成功。**管理**這個詞表示「提供照顧」。在提摩太前書三章4至5節，那信息是簡單的：如果父母拒絕照顧自己的家庭，我們不應該期望他會為了上帝更大的家庭而服事、受苦和犧牲自己。你不能服事自己的家庭時，你的孩子總會更有可能不尊重或服從你。但有捨己的父母提供的照顧，孩子便更有可能培養出足夠的尊重和信任，家庭也更有可能會保持完整。尊重父母的孩子也傾向認真看待父母的照顧和關心。

我們需要的，不是更好的原則清單，而是將敬虔的知識變成養育兒女的智慧。**原則**是基礎，好像生命的字母和乘數表。**知識**是理解上帝的方法、手段和目的；它是聖經原則帶領我們的方向。一旦我們學了那些基礎，便需要朝智慧走。**智慧**是在與孩子的真實相遇時，在生命的複雜性拒絕配合簡單的規則時，富創意地應用原則。如果知識是關乎怎樣養育，那麼，智慧便關乎甚麼、哪裏、哪時和為甚麼養育。

智慧總是包含知識，但也加上直覺、經驗、冒險和創意。我們在生命中必須認識那些基礎，然後進而實踐智慧。基礎涉及不斷的紀律，反映上帝的能力；以及不斷的關心，反映上帝的憐憫。每個孩子，無論甚麼年紀，都需要知道界線和後果（能力），以及父母觸摸的溫柔和眼神中的喜悅（憐憫）。記得孩子持續發問的那兩個問題嗎？「我是否蒙愛？」和「我可以為所欲為嗎？」紀律和關心開始以觸及內心的方式回答這些問題。父母根據能力和憐憫這兩個原則行動時，便將上帝的性情反映到孩子的生命中。

紀律的基礎知識

每個孩子在任何年齡都想知道自己在父母的世界中有甚

麼地位：「我是否宇宙的中心，我能夠得到自己想得到的東西，無論要你們、我和別人付出甚麼代價嗎？」給這個問題那充滿愛的回答是：「不能！」因為沒有紀律的孩子註定會步向人間地獄。如果正確的答案是這麼直截了當，為甚麼我們看見孩子（甚至成年孩子）要求走自己的路，令生命變成周圍的人的地獄？因為回答那兩個核心問題對父母來說是困難的——那是簡單得可怕和純粹的懼怕。

是簡單得可怕

在整生中都有規則要服從。好像死亡和繳稅，紀律說明選擇的有限，然後給任何違反的行動一個後果。「如果你不將衣服放在大籃子裏，我便不會替你洗那些衣服。」或者「如果你不斷在購物車上叫喊，我便會先將你選的東西放回貨架。然後在晚上不讓你看電視。如果你仍然不停止，我會開始紀律的過程，包括用木杓打你屁股。」接著總是有一句崇高的話：「那是你的選擇。」

說出規則的特點和選擇的界限是簡單的：「你不能穿X、Y 或 Z，但你可以穿任何其他衣服，按你喜歡以任何顏色組合。如果你選擇不服從，便要和我們留在家裏重看《勞倫斯．衞爾克》（*Lawrence Welk*）。」製造能夠得到明白、麻煩的後果，雖然可能不能停止那行為，但通常卻可以令孩子放慢下來，有意識地作出選擇，並因而對錯誤負責，也是同樣簡單的。

如果養育兒女是這樣簡單，為甚麼我們不能夠享受我們期望的成功？那是因為定下界限和施行後果實在不方便。如果我們說出清楚的後果，當孩子逾越界限時，我們便要放下手頭的事情，執行拘捕，向小罪犯讀出他們的權利，將他們移交監獄，給他們時間陳述自己的案件。一旦作出判決後，我們便必須執行那後果，承受那令我們不快樂的結果。那不單是那個小小的違法者的尖聲抱怨。還總有很多其他人士——那犯人的兄弟姊妹，有時還包括祖父母、你的配偶、鄰居、朋友、教會的人——會質疑我們採用的方法。

由於這是那麼麻煩，我們寧願不理會孩子的罪行。選擇能力的路要我們付出太大代價，花費很多時間，也很麻煩。但阻止我們一致地執行紀律的一個更大問題，是我們害怕我們的孩子。

是純粹的懼怕

每個父母都藏有一個很大的恐懼：他們的孩子會傷他們的心。每個孩子都有能力祝福或咒詛父母，兩者的分別在於喜樂或羞恥。在更基本的層面，我想我的孩子尊重和喜歡我。當他們明顯不尊重我超過四十五秒，我便開始害怕。我告訴過我所有孩子：「我不是你們的朋友，我不在乎你們是否喜歡我。」但他們都知道那是謊話。

害怕失去孩子的尊重有一個簡單的來源。如果我堅決執行界限，我會失去我十分懷念那種與自己父母的親密和快樂。那冒險實在太大，特別是當孩子的錯——沒有刷牙或拾起污穢的衣服或說出全部事實——在考慮到如果我施加後果時會引發的張力，實在沒有甚麼大不了時。當然，考慮到更大的圖畫，紀律永遠都不是一個選擇。它對孩子好像食物那樣重要。

聖經說如果我們拒絕提供清晰的界限和後果，便會毀了孩子。聖經也說沒有接受紀律的孩子是得不到愛的。[5]對一個孩子可以花多少時間在電腦或電視上，甚麼電影是可接受的，對於這些問題，我們可能會有不同意見；但我們最好有**一些**規則，否則我們便是殺害自己的孩子。除了明智的規則外，我們也需要有恰當的後果。否則我們那些空洞的規則只會邀請孩子嘲笑我們的權威。製造搗亂分子的最好方法是給他們規則，但卻永遠不會帶來甚麼後果。

規則給孩子釋放、信心和安全感，是來自知道世上有比自己更強的東西。如果我列舉規則，但卻從不執行，那就好像是發覺根本沒有偉大的魔術師，帷幕背後只有一個糊塗的人。每個孩子都需要規則和後果的安慰和持續的紀律。

在紀律的能力以外，我們的孩子也需要憐憫和喜悅——這帶來對他們另一個核心問題：「我是否蒙愛？」的回答。

憐憫的基本知識

父母向子女表達的愛，反映上帝的憐憫。愛的基本包括身體的接觸和父母對子女的喜悅。同樣，它是那麼簡單以致是可怕的。孩子透過最早的感官經驗學懂自己是蒙愛的：他們溫暖和安全，也吃得飽。透過人類的觸摸，孩童接近母親的乳房，得以更換衣服，得到擁抱，得到輕搖，被舉起讓他們看世界的廣闊。孩童也需要經歷他們父母的喜悅。他們需要看到母親和父親的臉孔，特別是他們的眼睛。所有孩童都應該看到他們父母眼中那神聖、瘋狂的喜樂。孩童透過觸摸和喜悅知道自己得到渴求和安全。

如果愛是這麼簡單，為甚麼數以百萬計的孩童被忽略或虐待，渴望得到他們十分需要的照顧？我相信兩個主要原因是父母的恐懼和妒忌。

對黑夜的恐懼

那不可知是可怕的。沒有甚麼比知道我們對我們兒女的健康、成功和生命選擇只有很少影響，更幾乎完全不能夠控制，令父母感到更害怕。無論我們做甚麼，我們仍未出生的夢也可能烙下出生的缺陷這個印記。醉酒駕駛的司機也可以奪去我們青少年子女的生命。是愛的恐懼令關心變成冰冷的責任。

很多父母因為過去而感到害怕，以致對他們來說，向兒女完全開放自己的心變得實在太危險。但他們會實行自己的責任，為孩子提供食物、衣服、教育、溫暖的牀以及稀釋的愛，而不是孩子渴求的瘋狂、無節制的愛。生活在這樣盡責任的家的孩子在理論上知道自己蒙愛，但從沒有經驗蒙愛是怎樣的。對他們來說，愛只是供應；而不是觸摸和喜悅。

父母害怕將來——我的孩子會興盛和生存下去嗎？父母也害怕過去——我可以在現在愛，冒再受傷害的危險嗎？父母往往也太投入現在的要求，不能夠給孩子溫暖的膝頭和喜悅的明亮眼睛。

對白天的妒忌

父母妒忌兒女是黑暗和往往沒有道出的事實。我們妒忌他們的年青，他們的新機會，他們有的困難只是孩子那樣小的困難，而我們妒忌他們這種自由。我們忘記了對只有六十磅的孩子來説，一個二十磅的困難已經是他的體重的三分一，而對一個二百磅的成年人來説，那困難卻只是他存在的十分一。無論如何，我們的困難和要求似乎很大，而我們的孩子要做的只是完成作業，從桌上清理碗碟，將噪音減低，停止虐待兄弟姊妹和刷牙。我明白這點，因為很多時我也希望有自己孩子那樣的世界。我妒忌我的兒子時，通常都將自己的童年和他的生命作比較。我童年所受的苦似乎比我的孩子嚴重。要為比我幸福那麼多的人犧牲，實在很困難。

妒忌不限於我們怎樣看我們的孩子。我們也在我們對工作的執迷中看到它。為甚麼我們那麼害怕失去工作或需要以較少金錢生活？這一切的核心總是妒忌。推動一切勞動的都是妒忌。[6]但我們白天作戰（在辦公室或工廠）後，往往沒有足夠生氣可以獻出甚麼。我們好像行屍，儘快分發晚餐，讓自己可以倒在安樂椅上，透過電視被推到另一個世界。

行屍不能好好反映上帝的憐憫和喜悦。對行屍來説，照顧孩童是例行職責。孩童必須有人給他們食物，看管他們，管教他們，驅使他們上另一課或參加另一活動。我們不難看見為甚麼缺乏擁抱和喜悦的表達的孩童會變成騷擾。還有，很多孩童令父母失望，只是因為他們是正常、典型的小孩。他們在表現曲線中身處最大多數的中間位置，正好屬於平均的表現。大部分父母都討厭這樣。有我的優良遺傳和身材的孩子，當然應該比大部分其他孩子優秀。我們開始妒忌其他孩子，那些似乎比平均優勝的孩子。再一次，妒忌污染愛的土地。

實在有太多父母拒絕面對一個事實：恐懼和妒忌將愛的光輝從他們眼中吸走，令觸摸變成責任而不是喜悦。幸好這是可以改變的。知識要求我們面對自己恐懼和妒忌的事實，然後以我們的生命配合事實。我們這樣做時，便開始為智慧的增長打下基礎。父母需要的是知識，但那遠遠不單是各種各樣的原則。我們必須在智慧中成長，藉以變得堅強和溫柔，能夠最獨特地觸摸我們的孩子，令他們喜悦。

以孩子為導向的智慧

實踐智慧的第一個元素是聆聽的能力。我們首先聆聽上帝，然後小心、耐心地聆聽我們的孩子。生命裏只有很少事情跟表面看來一樣，正因為這樣，我們需要智慧。明智的父母從事情的表面去到核心，確定那沒有説出但響亮得足以讓人聽到的事情的脈搏。

智慧幫助父母評估情況，決定策略和選擇方法。溫柔會否只是鼓勵孩子停留在軟弱中？強硬的立場會否令孩子變得恐懼？明智的父母可以辨別出談話的憤怒情緒，在甚麼時候是因為孩子的恐懼多於反叛；以及安靜和順從的精神，在甚麼時候是逃避交往多於真正的服從。

這裏有一個必須的矛盾：明智的人知道自己缺乏智慧。智慧的其中一個最大的標記，是渴望變得更有智慧。正因為這樣，雅各寫道：「你們中間若有缺少智慧的，應當求……」[7]明智的人知道，在需要紀律的力量或溫柔的憐憫時，他們很容易在忽略我們的孩子或反應過激之間搖擺。在向上帝祈求智慧時，我們更開放自己，看到自己的錯誤，更渴望知道甚麼是真實、良善和可愛。如果沒有智慧，沒有人可以好好養育兒女。

如果你以為我知道怎樣培養智慧便錯了。我在這些叢林中只是裝腔作勢。但我知道自己在哪裏努力祈求得到智慧。我一再求上帝在四方面幫助我：清楚知道怎樣解讀我孩子的獨特傾向，避免小題大做，在事情變得困難時深刻地信任祂，能夠與我的孩子活出驚訝和矛盾。我懷疑如果我們在這幾個主要方面看到成長，便會看到其他方面也有成長。

解讀孩子獨特的傾向

在我們高度心理化的時代，一個人的「傾向」這個觀念往往被界定為性格模式或風格。性格是一個有用的概念，雖然它並不等同傾向這個概念。傾向是上帝獨特地撰寫一個人的生命故事，藉以反映上帝性情的方式。它更接近故事的主題或更深意義這個觀念。解讀我們孩子的傾向不是關乎做一系列性格測驗。那是觀察、聆聽、研究和詮釋我們孩子這個要求很高的呼召。它要求大量智慧去看我們孩子真正的傾向，相對於我們對孩子會實現甚麼或變成怎樣的夢想。

對這個任務不能掉以輕心。我需要將自己最好的存有運用到我孩子的傾向上。那是令人興奮和神聖、可畏和可怕的責任。我怎敢說出和模塑我孩子的意義？我怎敢在最能夠模塑他的年間，藉著他與我一起度過的很多時刻，以他的將來冒險？同時，我必定不能將自己存有的所有力量放在孩子身上，否則我會以自己的夢想和要求壓碎他。我必定不能跟從自己的傾向，而是要跟從我孩子那由上帝賜下的傾向。

「但且慢。我不是遠比我的孩子更知道**他們**需要甚麼嗎？」你怎樣回答這個問題，會決定你怎樣養育兒女。如果你的答案是：「我當然更認識他們。」你便會將你自己的生命取向傳授給你的孩子。我們就是這樣得出甜品總是最後才吃，以及上帝配看到孩子在主日早上結領帶而不是穿褪色牛仔褲，諸如此類的規則。我害怕父母的抱怨，他們假設自己總是知道得比孩子更清楚。但可惜這個假設是很多基督徒父母之道的基礎。

同樣的抱怨在生命的疑惑中給父母虛假的信心。依從似乎對其他父母有效的方法，將那方法用在自己孩子身上，是一個容易的過程。看一看在你教會中事情是怎樣做的，或者專家的最新建議是甚麼。很快你的孩子便會穿著合適的衣服，有合適的日程表和課外活動，在娛樂上也有合適的品味。就是這麼簡單，而這簡直是謊話。

生命並不簡單。正因為這樣，以孩子為導向的智慧包括明白你的孩子要在世而不屬世。而那不單是家庭以外的世界，也是家庭**裏面**的世界。我每一個孩子的姓氏都是艾倫德，但他們的名字以獨特的方式標誌著他們每一個，令他們成為完全、完整的個體。

智慧，上帝深刻和永存的真理，必須是我骨中的骨髓——如果我要知道我自己的傾向和我孩子的傾向之間的分別。究竟是我想有一個打網球的女兒和一個用假蠅釣魚的兒子，還是這些就是**他們的**傾向？究竟是我傾向想有孩子是深刻地掙扎，熱誠地降服於宇宙瘋狂的上帝，還是他們傾向成為有道德、善心的人，對信仰有更「平衡」的看法？我的孩子可以怎樣成長為上帝創造他們成為的人，而有很多年我都是投在他們生命中最大的影子？

智慧克服所有父母都有的傲慢和自大這些不足。事實上，我們**並不**比我們的孩子知道得更多。他們的傾向畢竟是由上帝所賜。智慧創造一種沉著的開放，樂意作出關於我們孩子的決定（「你要彈鋼琴」），但如果明顯有更適合的事情時，也願意寬容（「或許戲劇更適合你」）。

不小題大做

智慧幫助我們決定甚麼真的重要，甚麼並不重要。實在有太多權力鬥爭，是由於父母小題大做，同時忽略了處理隱藏在爭執的問題背後的主要關注。我們可能責罵孩子沒有完成功課，而更重要的問題卻是他不能夠忍受挫敗，控制衝動的能力低和無禮。

如果我們對可接受的行為的要求，令我們看不見孩子內心的核心問題，我們便會完全錯失了品格和成熟的問題。很多父母在建立兒女的品格這個任務上失敗，因為他們寧願訓練遵從某些規則的孩子。規則是需要的，孩子違反規則時，必須有清楚的後果，但甚麼規則才是值得提出的？正是在這裏我們需要智慧。

孩子的外表是父母一個極大（幾乎是無限大）的議題。我們對孩子穿甚麼上教堂是否提出明確的規則？我們是否視孩子頭髮的顏色（藍和紅色髮綹）或髮型（剃去下半部的頭髮，上半部留一條馬尾）為一個極大的問題？我不是提議最好不要定下關於這些問題的規則，但在甚麼時候，這真的只是小問題？

智慧要求你知道自己的傾向相對於你孩子的傾向。如果你尋求藉著合適的社交標記，展示你的成就、智力和權力，以贏得羣體的尊重，我幾乎可以保證，你其中一個孩子會傾向藐視這些標準。你至少有一個孩子——可能更多——會挑戰你的看法。如果他們不挑戰你的看法，你會知道你已經確立了一條家庭規則，是取代了愛主你的上帝高於一切，以及愛別人如同自己的。[8]在小題大做（你孩子的時裝選擇或外表）時，你將愛上帝這件主要的事情埋藏在配合對我們外表的地上標準的衣服之下。

這裏有一個源自智慧的不同取向。每個孩子都是獨特的，每個孩子都必須找出自己**配合**世界的方法，以及自己怎樣不**屬於**世界。[9]對反抗世界的系統抱持過於猶豫態度的孩子，我們必須要求他們試驗傳統的界限，藉以順從上帝。另一方面，似乎不能遵守**任何**規則的孩子，則必須找出怎樣充分地「參與」更大的世界，以自己的基督教視角與世界交往。每個孩子都會有以下其中一種傾向：要不是因著太遵從世界的價值觀而「屬於」世界，就是「不屬」世界，完全遠離它。我們的任務是肯定他們，然後挑戰那種傾向。如果我們的孩子是反叛或守規則的人，那既好也不好。那好的方面必須發展，那不好的方面必須面對父母抵抗的力量。那困境是我們很少在反叛上看到好處，也不能夠在守規則中看到壞處。我們必須在通道的兩邊工作，藉以實現上帝在孩子裏面培養溫柔和堅強的心這個目的。我們必須培養孩子配合世界和抵抗世界的能力。

在小學生的生命中，並不難將這點概念化。我們想我們的孩子在數學、科學和英語都有好表現。我們希望他們在體育、音樂和術科取得高分。我們想他們受歡迎、行為良好、尊重別人。他們就是這樣配合世界。不過，我們也想我們的孩子相信聖經的道德和價值觀有永恆的信念。我們不想他們作弊、偷竊或咒罵。我們想他們成為好的基督徒。這樣，他們便不屬世。不過，這就是應該引導我們對規則的理解的「在世而不屬世」的惟一區別嗎？

如果是的話，我們便不是連結到聖經，而是連結到一種了無生氣的宗教中產階級存在裏去。我們渴望養育「好的」孩子，主要是讓自己得到獎項，證明我們家庭的良善。我們對養育有膽量、敢冒險的年青信徒，大膽地反映慈愛和饒恕的上帝那瘋狂和不可理喻的良善感到猶豫。高舉聖經的家庭會承認，罪、分離和哀傷在生命和關係的各方面，都是不可避免的，也承認上帝醫治的恩典的狂風。因此，教養孩子，令他們有一天配合對浪子那自義的哥哥或物質主義的少年官的描述，是十分糟的。[10]我們對自己孩子的期望需要遠遠超過令他們單單是「良善」。

如果我們的兒子選擇將生命獻給保護環境、尊重和照顧大地，我們會感到高興嗎？還是我們會視這個孩子為誤入歧途，在政治上與主流格格不入的人？我們會嘗試引導他從事宣教這種更可以接受的工作嗎？或者我們連這條路也感到太有威脅性？對很多基督徒父母來說，商業、法律或醫藥等領域更配合對「良好」的生命的傳統觀念。

智慧也呼召我們承認我們的孩子必須「在而不屬」基督教世界的文化。如果他們總是做根據教會羣體的規則來說可以接受的事情，我們是邀請他們配合人的期望而不是基督那些艱難的要求。我們需要比單單配合文化基督教更好的取向。

正如我們已經看到，智慧倚靠聆聽上帝和我們的孩子而來。因此，是時候聆聽了。每個孩子都必須根據自己獨特、由上帝賜下的傾向教導自己的父母。對一個孩子來說，在正式的舞會穿牛仔褲會帶來近乎死亡的尷尬；對另一個孩子來說，穿裙子到同一個舞會會好像走在熱炭上。基督徒的父母之道，不是向孩子要求與他們的本性傾向相反的事情，反倒是包括幫助你的孩子學習怎樣活在規範中，然後脫離規範，這份幫助長久和自由得足以讓他們知道，上帝會給他新的名字，而他有一天會聽上帝以他的新名字呼喚他是甚麼意思。他本性的傾向現在正低訴著那個名字。

在艱難的時候信任上帝

我不知道有甚麼痛苦比看著我的孩子受苦更大。我看到另一個小孩在遊樂場推我的孩子，或者一個年青人令我的女兒心碎時，我心裏升起的憤怒令我害怕。我是父親，我的傾向是保護我的孩子免受傷害。我可以以相當的自制忍受遊樂場上那些幼稚的推撞，但生命更深刻的傷害和不公義卻將一個要求浮到表面說：「傷害我吧，但不要碰我的孩子！」

我從我存在最深的深處相信，如果我們要成熟，便必須受苦；而這是令身為父母的我們成長的一個方法。這對父母是真實的，我痛心地知道這對我的孩子也是真實的。我的孩子不會總是獲選參加學校的戲劇表演，或者獲邀請參加班級舞會，但當他們被拒絕，我看到那壓迫著他們的傷害或他們流著淚的臉孔時，我想盡一切努力減輕他們的痛苦。

感受不到這種懾人的情感的父母，要不是在感情上抽離，就是過分有敵意，而這是更糟的。如果我們不願意為自己的孩子捱子彈，我們便沒有將自己的靈魂與他們的好處聯合起來。另一方面，屈從於保護他們的衝動，沒有任何自制和智慧，就是將我們的孩子悶死和包圍在我們自己靈魂那不會受苦的羅網內。過分保護的父母不單令孩子窒息，也製造聯體雙胞胎的關係，令孩子配合父母的傾向，而不是容許孩子沿著上帝選擇的路發展。

父母的呼召是示範怎樣好好地受苦。孩子只會在看到受苦的救贖力量在父母生命中活出時，才會珍惜這種力量。兒童必須看到災難令我們看到自己的限制，自己的需要，和自己的軟弱。痛苦提醒我們，我們十分需要我們的天父。如果耶穌透過苦難學會順從，我們的孩子也必須這樣。[11]但多長才足夠？甚麼時候介入停止或減輕痛苦，才是智慧而不是窒礙成長的保護？甚麼時候容許孩子忍受苦難，是情感虐待的虛假托辭？智慧並不提供程式化的答案，它也不除去我們可能失敗的風險，即使我們渴望做得好。

「多久？」知道正確答案的其中一個方法，是聆聽我們過去的聲音。我們在我們孩子的年紀時，在哪裏失敗和受苦，希望父母拯救我們？答案可以告訴我們，我們在哪裏太急於過早介入，保護我們的孩子。或者我們的父母在哪裏為了令我們不致受苦而做得過火。那可能是我們傾向讓我們的孩子受苦太久的地方。我們養育兒女的習慣，往往是我們對自己想得到但卻沒有從自己父母得到的東西的反映。

另一個提示來自聆聽我們孩子的傾向。一個孩子可能因為稍為意會到面前是一個可怕的場合而退縮，另外一個孩子則可能在面對即時災難時正面迎接。兩種傾向的關鍵都是「在世而不屬世」所要求的平衡。「在世」表示我們知道怎樣根據我們的能力和欲望，計算任何危險的風險和報酬。如果你的兒子是班上最矮的人，繼續參加籃球計劃很可能是愚蠢的，除非他真的喜歡那運動，或有其他優勢，例如速度很快和敏捷。

智慧要求甚麼？如果我們的孩子是了不起的長跑手，我們是否讓他們在籃球隊中坐冷板凳？我們是否讓我們的兒子與鄰居中較年長的男孩玩耍，即使他往往受傷或被忽略？決定介入的時刻的真正方法，是與我們的孩子談話。最好的介入不是單向式，而是對話式的。真正的對話要求認識我們孩子的傾向。他比較敢於說話還是退縮？他承受痛苦的能力是強還是弱？他是否容許朋輩的話和意見經常影響他的選擇？

知道孩子怎樣想——至少是一部分——容許我們問她艱難的問題：「你會怎樣稱呼用言語侮辱你的教練？較年長的孩子取笑你時你會怎樣？」對話邀請孩子說出他想從你得到甚麼，以及他在甚麼時候願意讓你介入。這是聆聽你的孩子，讓你得到智慧的一部分。

我女兒阿曼達有一位老師似乎以高高在上的姿態輕蔑地

對待她。我最終發覺阿曼達選擇不告訴我，因為她怕我會去學校將事情弄大。後來，我們談論那事時，我們對話的第一部分，帶我們回顧過去幾樁我因為憤怒而令事情變得更糟的事件。從我女兒口中聽到這些事情，令我感到痛苦和丟臉。我向她道歉，並清楚表明我不會重複過去的錯誤，但也不會不理會她老師製造的惡劣處境。

我們決定實行一個計劃。阿曼達會首先尋求一位副校長的意見。然後會直接與那老師傾談，我們就不同的情景進行角色扮演。如果她與老師談過後，仍不能夠圓滿解決問題，阿曼達會要求那位副校長調停。如果這個計劃行不通，那時，**只是**到了那時，我才會介入。智慧在對話的相互作用、認錯的謙卑和為補救作出計劃和祈禱中學到。

在生命的弔詭中玩耍

如果苦難是成熟的泥土，那麼救贖便是再次成為孩子的處境。面對陌生人、敵人或上帝那預期不到和敏銳的仁慈，我們發覺自己懷著喜悅和迷惘而歡笑。我可以怎樣既堅強又軟弱，既有需要又有自信，既自我中心又仁愛，既盲目又能夠看見？這一切都是宏大、榮耀和可怕的弔詭。

明智的父母知道自己孩子的傾向，以及自己靈魂的傾向。他們知道幫助他們的孩子在世而不屬世是甚麼意思，因而容許孩子進入冒險、失敗、痛苦和損失中，但只是維持一段時間。上帝使用這一切，在他們繼續與孩子對話時賜給他們智慧。這也表示帶領父母和孩子掌握弔詭的詩意，也讓弔詭的詩意掌握他們。

畢竟，「在世而不屬世」是生命的弔詭。以孩子為導向的智慧，不是通往快速的答案或容易的解決方法的直線，而是愛和成長的旅程，引向上帝界定的成功，既是對父母，也是對孩子。

註　釋

1. 參弗五1~2。
2. 參路十三34。
3. 參來十二5~11。
4. 參利十九2；太五48。
5. 聖經説提供所需的紀律不是選擇（參箴二十三13~14）。它也説沒有得到紀律的孩子是得不到愛的（參來十二5~11和啟三19）。
6. 參傳四4。
7. 雅一5，NIV。
8. 參可十二28~31。
9. 參約十七6~19。
10. 參路十五11~32，十八18~25。
11. 參來五8。

第三章

認識你孩子的美麗新世界

為甚麼我們需要養育行動的一代

成年人為了事奉上的決定而掙扎，那一天就是陷入困境之時，那表示我們面對不能達成我們的夢想這個嚴酷的現實。如果財政責任不涉及上帝有何旨意的假設，我們不應該根據我們能夠負擔甚麼來決定做甚麼嗎？如果我們正在實行上帝的異象，我們不應該繼續前進，相信主會供應資金嗎？

那是兩種互相倚靠又互相競爭的物種——夢想家和管理人——相遇的匯合點。我推諉，我勸誘，我抱怨，我偷看我新的帆船雜誌。最終我們將決定延遲到我們取得更多資料之後。有時擱置討論，希望耶穌在我們被迫作決定前回來，是比較明智的。

我在兩個似乎總是互相衝突的世界之間飄浮，那兩個世界是欲望和必須。它在工作和工作以外的地方發生。例如：我真的想買一艘新帆船。但我有孩子，他們需要定期進食，穿不破爛的衣服，以及上大學。我可能可以現在就買一艘帆船，而仍然能夠送兒女上大學，但將錢儲起，遲些才買帆船是比較安全的——只是多買一些帆船雜誌，忘記帆船。但提供食物、衣服和大學學費似乎是沉悶和關乎責任的事情；航海卻似乎耀眼和給人感官愉快。那是必須相對於欲望。

我們拒絕在匯合點作決定，以及得不到報酬的欲望這緩衝遊戲的痛苦和刺激，令我感到筋疲力盡。我在那些時刻的解決方法是令自己忙碌。我打電話，回答電郵查詢，最後檢查我的留言信箱，找到兩個訊息。第一個是我女兒阿曼達給我的，她說她在學校跳完舞，會遲幾分鐘才到小輪接我（我們居住在島上）。第二個是我太太給我的。我聽到她第一句話後呆了。她說：「阿曼達被拘捕。她在羈留室。」那不可能是真的，但我太太那蒼白、陰沉的聲調毫無疑問證明那是真的。那天較早時的爭吵消失了。我將會進入我孩子那美麗新世界。

新世界還是只是翻版？

我們知道，我們孩子的世界與我們在其中成長的世界並不相同。我們也知道，我們的孩子面對某些現實，是與每一代都必須應付的現實頗為相似的。那既是全新的世界，也是我們以前所有日子一個深刻的翻版。

一切都改變，一切都沒有不同。我們的父母不會想到拿出個人數位助理（PDA）來檢查下星期某天晚上是否有空。我們的孩子不能明白為甚麼他們的父母不能夠更改錄影機上正在閃耀的12:00 A.M.。但事實仍然是，對**每**一代來說，生命有兩個現實總是真實的：孩子（和我們其他人）為了親密和自主而掙扎。我們想接近那些我們所愛的人，但我們不想那麼親近，以致被吸收進別人裏面。我們想兩者兼得。

青少年想得到夢中的女孩，但卻不想她告訴他穿甚麼和怎樣行動。少女可能和她父母相信同一位上帝，但就是不能同意他們所想和所做的一切，而仍然能夠成為獨特的自己。兒童視與別人不同為自己的權利和榮幸，而父母仍然相信孩子毋須**那樣**不同。親密和自主之間必然有張力。

親密帶來安全感：親密的關係或緊密的小組有如子宮，我們在其中得到照顧和保護。有很多代，人們一生都留在同一個羣體，做同一個行業。保持不變帶來十分有力的安全感。家庭、羣體或生意決定了可以接受的界限。如果你在這裏工作，你便要穿公司的制服。如果你在這裏崇拜，你便要相信無謬誤。只要規則得到遵守，親密便會持續。不過，如果你不服從，你便會冒被排擠和孤獨的危險。這是付出的親密和以規則為基礎的接納，令安全感變成虛幻。事實上，這既不安全，也不親密。

自主是追尋獨特性和個人意義。我是誰？我要成為怎樣的人？要做甚麼？夢想甚麼？自主將我們從安全和親密帶到危險和我們生命中獨特的呼召去。親密可以幫助和保護，培養和滿足；但自主號召我們看和尋找，超越家的視野，以探索和征服我們不知道的世界為目的。成為與別人分離的個人，將自己與那些我們與他們親密的人區分出來，總是找麻煩。而麻煩和張力破壞親密。

記得我們的孩子不斷問我們兩個問題嗎？親密問：「我是否蒙愛？」自主問：「我可以為所欲為嗎？」兩者混合時，問題變成：「如果我選擇成為你不想我成為的人，你會愛我嗎？」這些問題令每一代在很大程度上都一樣。好好養育兒女和學習被兒女養育，要求你承認每一代怎樣傾向以不同的世界觀看這些相同的問題。

一代一代再循環

歷史學家施特勞斯（William Strauss）和霍韋（Neil Howe）在兩本書中給我們很大的幫助，那兩本書是《世代》（*Generations*）和《第四轉動》（*The Fourth Turning*）。在這兩本書中，他們就歷史的重複循環勾劃了一個了不起的概覽。從美洲殖民地建立開始，他們研究四個重複的循環，每一個循環都維持一代（二十到二十五年）。他們那大量的研究和精確的理論帶出很多人憑直覺表達的東西：歷史重複自己。我深受施特勞斯和霍韋的研究影響，但在這一章我會集中在代與代之間的衝突一個更神學性和心理學性的相互作用。[1]

我們所有人不單在個人生命、家庭和社會制度中，也在世代中面對一個擺動的模式。那模式出現，是因為我們有自相衝突的努力，要信任一位看不見、不受我們操控去實現我們的目的的上帝。我們靈魂的季候跟隨世代的四個循環：從祝福到傲慢到覺醒到災難。透過拯救和救贖，災難再次帶來上帝的祝福，那個循環再次重複。

讓我以先知何西阿的著作的其中一首哀歌說明這個模式：

> 自從你出埃及地以來，我就是耶和華——你的上帝。在我以外，你不可認識別神；除我以外並沒有救主。我曾在曠野乾旱之地認識你。這些民照我所賜的食物得了飽足；既得飽足，心就高傲，忘記了我。因此，我向他們如獅子，又如豹伏在道旁。我遇見他們必像丟崽子的母熊，撕裂他們的胸膛。在那裏，我必像母獅吞吃他們，野獸必撕裂他們。以色列啊，你與我反對，就是反對幫助你的，自取敗壞。你曾求我說：給我立王和首領。現在你的王在哪裏呢？治理你的在哪裏呢？讓他在你所有的城中拯救你吧！我在怒氣中將王賜你，又在烈怒中將王廢去。[2]

祝福的時代

上帝祝福我們，拯救我們脫離奴役，因為祂委身於拯救和救贖。祂是我們的救主和照顧者，供應食物和飲品滿足我們飢餓和口渴的靈魂。上帝喜歡施予。透過甜的李子和祖母溫暖的臂彎，以及母親溫柔的聲音唱出那安慰人的催眠曲，祂藉這些將祂的榮耀大量地賜給我們。我們要成為上帝恩賜的祝福的管家。管家並不擁有那些恩賜。她倒是為了周圍的人的好處而管理恩賜。好的管家不會為了不義之財而積累或任意施予那些物件。她是以別人為中心，尋求他們的好處。

而且，管家以感恩接受上帝的恩賜，在讚美的祭中謙卑地將它們獻給上帝。管家知道缺乏的痛苦，確保所有人都得到大量供應。她幾乎會犧牲一切，令生命維持秩序。如果你和我一樣屬於嬰兒潮一代，我們的祖父母便是祝福的時代的管家。

我們的孩子不斷提出的問題：「我是否蒙愛？」代表了他們那一代，但卻不是我們祖父母那一代的會問的問題。「我可以為所欲為？」對祖父母輩來說，這個問題也是不能想像的。他們的主要關注是不要令父母、家庭、羣體或國家丟臉。對我們的曾祖父母來說，養育一個好管家不會比提供食物、住屋和某程度的教育更困難。道德和方法已經是世界的組織的一部分。他們養育兒女的方式是十分直截了當的。

但祝福的時代並不永遠持續下去。上帝供應我們，我們得到滿足時，便轉離祂。我們混淆了上帝的祝福和地上的成功，將成功歸功於我們自己的聰明和技巧。我們成了新世界有自信的建立者，這個新世界痛苦比較少，而且有更多快樂，較不需要信任，有更多自主做我們想做的事。這樣，祝福的時代便轉入傲慢的時代。

傲慢的時代

如果祝福是我們祖父母那一代的特點，那麼傲慢便接管了我們父母的時代。但為甚麼是傲慢？當上帝提供的生命——來自祂手中的恩賜——對我們來說變得比賜下恩賜的那位更值得渴求時，我們對上帝的渴望便減弱了。輕鬆的生活給我們時間休息和玩耍，很快我們便忘記了自己以前的飢餓。我們假設我們**配得**上帝的恩賜，漸漸忘記上帝。傲慢不單假設我們配得我們所擁有的，也驅使我們要求更多。正是在這個高度自信的時期，人們運用由管家（他們父母）保存的恩賜去建立人類的城市。傲慢時代的一代想建立人類的王國，是能夠解決人類面對的每一個問題的。

建築者（同樣是我們父母那一代，如果你是嬰兒潮一代）對生命抱功利主義的態度。他們接受管家的故事和象徵，將它們變成實用、有機警生存頭腦的經世之學。建築者關心甚麼多於為甚麼。建築者變成生存者，知道怎樣盡量利用那一刻，在可供選擇的東西中取得最大好處。他相信道德和救贖的故事，但他寧願編造新故事，也不願意記得他身為管家的父母從祝福的時代保存下來的故事。

我們孩子的核心問題——「我是否蒙愛？」——甚至對建築者來說都仍然不是切實可行的問題。他們假設答案是「當然啦！」同樣，對「我可以為所欲為嗎？」的答案也假設是「當然可以！」你可以在軍隊、透過教育或在商界創造自己的成功。你可以選擇居住在市郊，加入合適的會所。你所需要的只是這樣做的勇氣和天生的智力。我們的父親從二次大戰回來時，他們感到有力量否定過去，繼續未來。事實上，他們**可以**為所欲為。

傲慢的時代保持建築者的主要目標，就是令他們的孩子不會加入錯誤的人羣，朝自己的成功穩步向前。建築者保持自己的遠象有足夠的樂觀，避免珍珠港（Pearl Harbor）、達豪（Dachau）和廣島（Hiroshima）這些惡夢似的記憶。是時候建立新的未來，而不是為過去哀傷了。因此我們有學園傳道會（Campus Crusade for Christ）和迪士尼樂園（Disneyland），歐洲的重建，和美國廣大、邊緣無盡的盼望。

但樂觀的時代和它以為只要我們花心思便可以實現**任何事情**的傲慢也有黑暗的一面。那黑暗的一面是自義以及有和無有的人之間有更大的分歧。在這個時代，自大被掩飾為好父母、好公民或好基督徒的樣式。但只要人們依從文化那得到認可的規則，自我中心便不會受到挑戰。不過，自義總是向南移，侵蝕社會的根基，扭曲價值觀和道德。要記得這是甘迺迪家族（Kennedys）和尼克遜（Richard Nixon）的一代，這些領袖為驚人的公共成就和不可思議的個人失敗都定下新的標準。傲慢的時代——無論是甚麼世紀——最終都由覺醒的時代中斷。由於建築者的孩子在覺醒的時代長大，那些能幹的建築者發覺在他們嘗試養育嬰兒潮的孩子時，為人父母是獨特地混亂的。

覺醒的時代

在自我滿足和以自我為偶像的社會，無可避免地會有人留意到那個時代是養尊處優和單顧自己的。總有重要的少數人不獲容許享受時代的繁榮。因此，一個先知運動開始，揭露時代是自滿和愚蠢的。有聲音發出，顯示如果傲慢的社會拒絕悔改和改變，會有甚麼危險。那先知往往被規避、羞辱、甚至殺害，而不是得到聆聽。我們只需要看一看馬丁·路德·金博士（Dr. Martin Luther King Jr.）和民權運動很多其他沒有那麼著名的殉道者便會明白。

不過，先知藉著為社會帶來新的遠象，確實開始找到追隨者。他站在主流以外，同時是令人信服和受人鄙視的人物。他吸引人也冒犯人；因此他令現狀變得不穩定。他揭露那些能幹的建築者製造的舒適和輕鬆那柔軟的下腹。先知是夢想家。他比建築者父母更內向、主觀和理想化。

如果你是嬰兒潮一代，這是對你那一代——覺醒的時代——的描述。我們很多人都遊行反對戰爭或者支持民權，吸毒和推崇自由戀愛，或者相信耶穌很快會再來，因為指向這事的徵兆不單是水瓶座的時代，也是上帝國的來臨。福音將會擴展到我們時代的每一個人，每一種語言和每一個民族。為甚麼是**我們**而不是其他人的時代？只因為我們堅持要為所欲為，並確信我們是蒙愛的。事實上，我們是那麼蒙愛，以致世界圍繞著我們轉動。

啊，年青的輕狂歲月。我們真的知道自己得到深深和熱情的愛嗎？完全不知道。但現在生命的確比歷史上任何時間都更多地圍繞一代人——嬰兒潮一代——的念頭而轉動。父母由斯波克博士（Dr. Benjamin Spock）引導。我們的自我形象和自尊對我們來說與我們相對於別人的表現和地位同樣重要。我們變成一堆反諷。我們是獨特的，但卻在一羣人中。我們一起反叛，我們一起歸信基督。我們比任何世代都更自主，但代價是更需要親密和連繫。

覺醒的時代最終傾向間歇性危機，然後去到災難的時期，重新界定生命的本質。嬰兒潮一代的孩子會接受以前的一切，面對現時這個挑戰。

災難的時代

覺醒和災難的來到之間的轉折時期的特點是沉溺、犬儒、挑剔和嘲諷。到目前為止我只描述了由萊諾（Jay Leno）和萊特曼（David Letterman）使之流行的諷刺的精神特質。而悲劇在這裏：我喜歡他們兩人的節目。我假設他們是我們應該有的犬儒先知。他們嘲笑所有人，包括他們自己。他們是宮廷小丑，以同樣的熱情扭葛培理（Billy Graham）和克林頓（Bill Clinton）的鼻子。他們揭露我們的弱點，並幫助我們專注於我們有瑕疵的人性。至於有建設性的事情，他們卻甚麼也沒有做。

覺醒的時代——嬰兒潮一代——打開通往理想化盼望的大門，但當六十年代的革命分子轉而賣保險和共同基金時，那盼望被踐踏。事實上，在列根（Reagan）的八十年代，嬰兒潮一代失去他們改變世界的宗教。甚麼或誰會取代它的位置？萊諾和萊特曼每晚都提醒我們，我們失去了支柱，所以我們大可聽荷李活名人現時的緋聞和乏味的意見。有誰關心？真的，有誰關心？可悲的答案是：我們都關心。我們沒有更好的事情去關心，因為我們失去了盼望，不相信任何事情可以真的改變。

而那瘋狂正在這裏。很多父母說他們想保護他們的孩子免受這個衰退和墮落的時代的性、毒品和搖滾樂的可怕影響，但他們卻關心自己的股票投資組合，他們在教會的地位，以及他們的腰圍，多於關心飢餓、愛滋病、偏見、性別歧視、白領罪行和在家裏、家庭、教會和社會正在增長的憎恨和暴力。我們活在一個不單淺薄，而且也瘋狂的時代。

讓我們好好地為現時這個時代命名。我們不是管家或建築者，甚至不是六十和七十年代的先知和夢想家。肥胖和放縱，我們歪歪斜斜地經過下滲的八十年代，進入瘋狂、經濟繁榮的九十年代，然後跌跌碰碰地去到後九一一的破產。優厚的 401（k）計劃（按：這是一種基金式的養老保險制度）被市場的衰退，集團行政總裁的貪婪和過分有信心的貪心一起掠奪一空。這是新但卻不那麼動人的日子。

而在世界的另一邊，或許就在隔鄰，激進的極端分子正在製造一個炸彈，或構想一個精密的計劃，要為美國或它的盟友帶來災難。中東總是充滿怨恨和暴力的土地，在任何時間都可能再次沸騰起來，令整個廚房陷入火海，房屋的其他部分都受到烈火威脅。

在美國，我們將一切都訴諸訴訟，不信任任何人，特別是領袖。如果有人想帶領，她便會被傳媒和同輩攻擊。個人生命最細微的事情，都可以供公眾審視和進行有偏見的辯論。我們喜歡的運動是以影射和閒言閒語攻擊別人。我現在不是描述好像萊諾和萊特曼這樣犬儒的人，而是我們在公司飯堂、教堂的門廊和家裏房間的同人。我們生活在刻薄、殘忍和分歧的時代。這是我們嬰兒潮一代交給孩子的時代。在這個時代，我們需要重新界定為人父母的崇高呼召。

傲慢和自大的後果總是大大的衰落。（記得何西阿的話嗎？）那衰落可以是自發的，例如因為吃得太豐富而又缺乏運動，以致引發心臟病；也可以是由別人引起的，例如那些不能得到這個時代的好處的人。窮人興起，奴隸反抗。或者在何西阿嘗試喚醒的人的情況，上帝起來帶給他們災害，好像野獸撕開獵物一樣。在這樣的時代，我們需要一代普通的領袖，他們重視上帝的熱誠和心腸，在上帝的供應下，英勇地起來面對災難。

我們的孩子在這個災難的時代成長。我們需要預備他們面對現實，面對將要來到的災難。我們需要培養一代領袖，一代愛上帝的行動者。

行動者往往是不顯眼的力量，似乎從寂寂無名中蒙召，在似乎大得無人能夠面對的任務中有卓越表現。在他的謙卑中，他找到勇氣做很少人願意冒險做的事情。他有祖父母的實用主義和父母的懷疑主義。他熟悉世界的方法，是犬儒和厭世的，但他追求一些新的事物，是值得為了實現它而活和死的。如果你是嬰兒潮一代，你的兒女需要成為這樣的行動者。

即將來臨的盼望

世代的四個循環有一個十分值得留意的一致性，源自罪和救贖的循環，無可避免地引向祝福、傲慢、覺醒和災難這連續的循環。文化和世代從我們與上帝那不可阻擋的搏鬥和我們自己與親密和自主之間的張力那不可避免的掙扎的灰燼中興起。只要我們居住在墮落的世界，這些掙扎便會繼續下去。雖然這個時刻可能顯得黑暗——我們的日子有暴風的雲在盤旋——但在這日子萊諾和萊特曼的譏諷之話不會是決定性的。

我們孩子的一代興起迎接要來的災難，並帶來盼望究竟有甚麼獨特之處？我會提出三個基本的方面，每一個都圍繞互相衝突的矛盾和生命的弔詭的強烈程度。在每一方面，上帝都呼召父母面對今天世界正在增長的複雜性。

過量和匱乏

今天，我們比歷史上任何世代都看到更多，聽到更多，感受更多。我們的科技模仿上帝的無處不在。我可以看到西岸戰爭那燃燒著的廢墟，然後轉台看醫療隊伍將攝影機放在微細的探針，一個在子宮裏的孩子將手指放入口中。不過，在另一個手術中，同年紀的孩子被視為組織，被人用鹽水殺死，以鉗子清除。究竟是甚麼？是得到珍惜的孩子還是有機的垃圾？在這個災難的時代，那是語義學的問題，以及究竟是誰控制語言的使用。

文字好像鴿子一樣在我們周圍聚集，將牠們叼來的屑粒丟在我們身上。有太多符號、象徵、廣告、錄音片段和口號，令人聽不到或看不到任何不是十分具刺激性和有吸引力的東西。我們被剝奪選擇、剖析和批評的能力，以致在一個完全揮霍的世界，我們往往變得不名一文和飢餓。我見過我的兒子不住地尋找正確的網頁，藉以取得他做習作所需的資料。他知道資料是存在的，所以他要繼續尋找。到他找到一些他需要的資料時，他已經沒有多少精力或時間去完成那篇研究文章。他是過量資訊的受害人。

這過量將我們帶到無用和孤立的邊緣。任何為了達致無處不在而作的努力，都令我們只有很少空間或時間是真正屬於我們自己的。如果我們無處不在，我們便不在任何地方。如果我們可以真的全球地思想（think globally）並本土地行動（act locally），那就實在太好了。但我們收集更多資料，進行更多思考時，卻仍然了無生氣，對我們周圍的世界毫無反應。我們就是知道得太多，而這令我們麻木。

那麼，我們養育兒女方面又有甚麼事情發生？我們接受了太多信息，太多影響，太多壓力。因此我們令自己的孩子疲於奔命，帶他們到各處，讓他們甚麼都做。我們駕車送他們去上音樂課再去練習足球再去青少年小組聚會，直到筋疲力盡。他們居住在汽車上，渴望睡覺。我們堅持要他們甚麼也做，但這樣卻沒有預備他們成為行動者；我們以張力和壓力令他們適應。而這正好與我們應該做的事情相反。災難的時代要求行動的一代。而我們需要訓練他們。

懷疑和容易受騙

我們容易受騙得幾乎任何事情都願意相信，但我們的信任程度卻愈來愈低。我們相信最新的時尚餐單，相信新汽車有法力令我們更有魅力，相信外星人到過我們的星球。或者可能沒有。不明飛行物體不是由邪惡帝國蘇聯佈下的騙局嗎？噢，不！那個帝國多年前已經瓦解。俄國現在是朋友，我們有一個新敵人：伊拉克。或者那也改變了？目標似乎不斷在移動。

我們除了朋友外誰也不信任，但當環境改變時，即使最親密的盟友也可以變成敵人。好人也是壞人，反過來也一樣。我們討厭這種倫理的灰色地帶，因此我們選擇將事情看為黑白分明。例如：以色列是好的，因為猶太人是受迫害的百姓，也因為以色列政府忠於美國。巴勒斯坦人是恐怖分子，因為他們反對以色列，殺害無辜的平民。不過，如果你與西岸（West Bank）的人交談，便會發覺對某人來說的恐怖分子，對另一個人來說卻是自由鬥士。

善意的人對國際政治可以有相反的觀點。我們相信自己是對的，直到環境改變，然後有新的正確觀點出現。美國宣稱蘇聯是盟友，只要蘇聯對抗納粹德國。不過，在戰爭後，蘇聯佔領東歐時，我們便將朋友和敵人的定義倒轉過來。

世界是複雜和充滿弔詭的，而養育兒女也沒有例外。我們對弔詭感到的不安，好像壞人盟友的倫理灰色地帶，吸引我們尋求容易的解決辦法。我們想接受事物為完全好或完全壞，而這種傾向模塑我們怎樣養育孩子。我們愈相信自己那邊是正確和良善的，便愈批評那些不同意我們的人。因此，在家裏教導價值觀和世界觀時，那取向往往是狹窄、教條式和批判性，而不是開放、好奇和對話性的。由於我們對生命的複雜性感到不自在，我們傾向將自己的黨派立場灌輸給孩子，並詆毀其他人。這是容易受騙，相信我們的立場完全正確，並對任何與我們不同的意見抱不信任的懷疑態度。但回到黑白分別的簡單這些預設的信念，無可避免地培養懷疑和容易受騙。這實際上帶我們走得更遠，將我們送到自義的大門。

自義和自我懷疑

我們對太多事情都可以取得太多資料。互聯網和有線新聞節目引誘我們，讓我們以為終有一天我們會無所不知。但無所不知只屬於上帝。而正如我們已經看到，一旦我確信我是對的，一件對的新事情便會出現取而代之。

我們的世界實在太複雜，我們不能夠弄清楚。但與養育孩子的挑戰相比，世界算不得甚麼。我們的孩子在一個災難的時代成長，他們不斷問：「我是否蒙愛？」和「我可以為所欲為嗎？」在回答他們兩個核心問題時，我們艱難地進入不可思議的複雜性。孩子需要知道他們蒙愛卻不能為所欲為，但他們需要在他們自己時代的處境中知道這些事實。

這個需要將我們帶到自義和自我懷疑這對現實。我們每個人都天生傾向這兩個方向的其中一個。我們對上帝的憐憫（「你是蒙愛的」）或上帝的能力（「你不能為所欲為」）感到更自在。我們很容易假設自己天生的方向便是**正確**的路。自義引誘我們將某人抬舉到別人之上，主張真正的解決方法是運用更多能力——或者給予更多憐憫——視乎我們天生的傾向。養育兒女的弔詭是上帝呼召我們以同等分量**同時**反映祂的憐憫和能力。我們需要謙卑，承認我們天生的傾向只是答案的一半。好好養育兒女同時要求憐憫和能力，這表示我們蒙召做很多不容易得到的事情。

我們面對自己的缺乏時，便面對自我懷疑。我們看到自己可悲地不足，完全不能夠應付養育孩子的任務。但自我懷疑可以令我們謙卑，讓我們預備好讓上帝在弔詭中令我們完全。愛和紀律，親密和自主——我們的孩子以同等分量需要這一切。因此我們有好好養育兒女所需要的弔詭。

故事的開始

你可能記得我接到太太一個令我困擾的口訊。那天我乘小輪時知道自己不是回家，而是去警署。我女兒被拘捕，我不知道為甚麼。我只知道自己完全筋疲力盡。那天較早時我花了好些小時沉浸在自己完全重要的世界中，與不能理解又必須克服的困難搏鬥，那時和現在我都想逃走。我想踏上英屬處女島（British Virgin Islands）一艘四十呎長的帆船上，永遠不接聽任何電話或回答任何電郵，也不需要作另一個決定。生命實在太複雜了。

我從碼頭走三百碼到警署時，我求上帝幫助。祂向我說話——不是以能夠聽見的聲音，也不是以戲劇性的徵兆，但確實說話。祂說：「你會給你女兒憐憫還是審判？丹，那會是甚麼：我的溫柔，還是你的憤怒？」

孩子邀請父母進入一個美麗新世界，一個困難和弔詭的複雜世界，災難的時代。我們會接受他們的邀請嗎？

註　釋

1. 關於更多資料，參 William Strauss and Neil Howe, *Generations*（New York: William Morrow, 1991）和 Strauss and Howe, *The Fourth Turning*（New York: Broadway Books, 1997）。這兩位值得尊重的研究者並沒有詳細發展與世代循環有關的神學和心理學問題。我對他們的研究結果的採用不應該歸咎於他們的滙編。
2. 何十三4~11。

第四章

辨別我們父母的聲音

擺脫過去藉以好好養育我們的孩子

如果你順序閱讀這本書的各章，你知道我要從辦公室到警署去察看我的女兒。我的孩子不是那種會犯法的人，我完全不知道有甚麼事情在等我。我上次身處類似的情況時，年紀和我女兒一樣。我坐在羈留室等候父母到來。我喝了女朋友父親的一些威士忌後離開她的家。我跳上自己的汽車，開車回家，我記得轉彎時感到空氣撲向我懷內。我從倒後鏡看到閃耀著的紅燈，我毫不猶豫便踏上油門。那愉快的旅程，以避免撞向警方路障而剷上別人的草坪作結。

那些急促的燈光，那些嚴厲的臉孔，以及著我雙手舉起走出車廂的嚴厲命令，成了可怕的驚醒傳呼。我不大記得其他事情。我記得自己坐在羈留室裏，想像母親和父親來保釋兒子時的臉孔。我害怕她的眼淚。我知道她會哭，父親則會沉默。

我橫過警署的停車場時，從困擾我的回憶回到現實。我太太已經到了；她眼中有眼淚和沉默的憤怒。在未來的時刻，我需要應付我太太、我女兒和我母親。她們都存在，雖然我母親實際上遠在二千餘哩以外。

我要到那裏保釋女兒，但我聽到的只是我母親那受傷和失望的聲音。我們孩子的聲音往往被其他聲音淹沒，那些聲音沒有發出聲音，但卻向我們呼喊。而其中一種最響亮和持久的影響，是來自我們父母。[1]

沉默的呼喊

約翰（John）和瑪蒂（Marty）是年青的父母，有兩個可愛的女兒，分別是五歲和三歲。這兩個女孩喜歡一起探索和玩耍。大女兒基姆（Kim）是小小的照顧者，也是母親警惕的眼睛。雅梅（Jamey）是早熟的活躍分子，喜歡闖進麻煩，然後看姊姊會怎樣拯救她。她們是可愛的二重奏——照顧和麻煩聚在一起給對方有趣的意義。

或者，這至少是約翰和瑪蒂對兩個女孩的看法。但約翰的父母卻有不同的看法。他們十分遷就孩子，只要他們下課後或到出門到遊樂場去。但在家裏卻不同了。那是供認真生活而不是玩耍的地方。祖父母到訪時，約翰和瑪蒂家裏的張力便增強，樂趣便減少。約翰變得更專制，開始干涉小女孩的玩耍。他愈介入，瑪蒂便愈感到有責任保護女兒，兩人之間便產生了冷淡的距離。

好像小小的風向標，兩個女孩憑本能知道風向哪兒吹。

基姆變得更有優越感，而雅梅則變得更容易發怒。張力增加，直到災難發生：在吃晚餐時，雅梅過分活躍，將她的餐具推跌到地上。這打開一個活閥，排放所有被壓抑的壓力。祖父母現在有不容爭辯的證據，證明約翰和瑪蒂在養育女兒方面完全失敗。約翰現在要背負重得不能估計的羞恥。瑪蒂則需要保持沉默，不去挑戰約翰那對不贊同他們的父母那咄咄逼人的憤怒目光。在入侵家庭那些震耳欲聾、沒有說出來的聲音的壓力下，這個家庭正在崩潰。

如果我們看不見我們父母的聲音令我們聽不到孩子的聲音，便是愚蠢的。如果我們要學習聆聽我們的孩子，我們必須首先明白我們父母聲音的影響——無論是好是壞。

為甚麼父母不是祖父母？

幸好約翰那對不贊同他們的父母，在大部分大家庭中都不是典型的例子。我曾無數次聽到父母說：「如果爸爸以前教養我的時候，用現在他與我兒子相處那樣的方式，那就好了。」這既是悲劇又是榮耀。父親怎能夠不與兒子玩耍，卻花很多時間與孫兒玩耍？這是不是因為在退休後有更多空閒時間？我們應否懷疑，隨著時間推進，以及死亡的現實接近，令祖父母大大改變，變得更有人性、更慷慨、仁慈和有耐性？我懷疑對兩個問題的答案都是一個謹慎的肯定，而且還有另一個重大因素：**祖父母毋須對產品負責**。他們可以將紀律和規則這些困境留給父母，只享受他們孫兒那無拘無束的滑稽動作和漂亮的臉孔。

我自己的祖母實在很可愛。她從四十五歲開始，便患上令人衰弱的類風濕性關節炎，但她仍然十分活躍頑皮四處亂跳。她來我們家居住時，好像一個十足而任性的青少年，她令我折服。她以自己破碎的身體和漂亮的微笑，一拐一拐地進入我家的多場激戰之中。她會以心照不宣的眼光看著參加戰鬥的人，然後說：「這樣吵鬧是關於甚麼事？你不知道男孩子要頂撞父母，否則他不會有自己的思想嗎？」

她成了可靠的傳譯員，幫助我解讀母親的話的意思。她也幫助我母親明白我青少年的胡扯，這是毫無疑問的。我祖母令不能互相信任的交戰雙方之間的對話保持生氣，我們都信任這位同時愛我們的人。

這是值得信任的格言，只有很少例外：祖父母和他們的孫兒相處得比父母與自己的父母或孩子更好。但為甚麼會這樣？那答案往往是一個簡單的自明之理。祖父母要寵壞孫兒，以糖果使他們興奮，然後在孩子差不多要闖禍時將他們交給媽媽和爸爸。這種想法是真實的，但還有很多話可以說。

祖父母並不像父母，他們沒有蒙召去承擔提供日常管教和照顧的責任。他們要給予智慧，來自他們無條件的愛這種立場的智慧。祖父母以喜悅照亮年青的臉孔，這種喜悅不會因為孩子不好的成績或不服從而改變。在這種喜悅的溫暖氣氛下，可以給予智慧，如果這智慧來自父母、朋友或教練，會被嘲笑或忽略；但如果來自祖父母，則會終生都得到珍惜。每個孩子都需要這種祖父母。

父母可能妒忌祖父母這種優越的地位，但他們應該高興，因為有慈愛的成年人可以在孩子的生命中扮演這種自誇的角色。當祖父母住得太遠，不能夠提供這種照顧，或者他們看不到需要對自己的孫兒有無限的仁慈和智慧，這是更為可悲的。無論祖父母有甚麼角色，父母仍然蒙召負起要求更高的角色，而且很可能是以對自己父母的回應來實行出來。我們在自己父母那看不見但非常真實的審視下，養育自己的孩子，我們必須聽到這複雜的相互影響所發出的噪音。

聆聽我們父母的聲音

橡樹果實永遠不會掉在離橡樹太遠的地方。雖然我們努力從自己父母的錯誤中學習，給下一代一個更好的世界，但我們往往不單重複那些錯誤，甚至還加上自己對好好養育兒女的失敗嘗試。我們以相類於自己所受的養育方式來養育自己的孩子——但有一點不同，那不同是：我們以某種形式將那個模式倒轉過來，彷彿在喊叫：「我**不是**我母親（或父親）。」在我們相信自己父母的方法傷害或妨礙我們的範疇裏，我們選擇性地改變我們的取向。

我父母享受戰後繁榮的祝福，因為我父親和很多其他人負起打第二次世界大戰的重擔。他們是戰爭的光榮勝利者，在他們的孩提時期，成為當時的故事和神話的保護者。

我在一九五二年出生，和吉米·罕醉克斯（Jimi Hendrix）、齊柏林飛船（Led Zeppelin）和披頭四（Beatles）一起成長。我自戀得相信硬搖滾樂（hard rock）——甚至迷幻搖滾樂（acid rock）——對我心靈的傷害，遠遠比不上那些在的士高受到皮禮士利（Elvis）或他的復活侵襲的人那麼大。但這是五十年代初出生的嬰兒潮一代的想法，他們內向、悲觀、具批判性，以及，啊，是那麼驕傲。

我的家庭沒有準備好迎接六十年代那些動蕩的日子。我父親是藍領工人，沒有接受大學教育，居住在自大、中產的市郊，那裏是一間州立大學的市郊住宅區。我父親在那環境中感到不自在，於是他退縮。我母親站在縫隙中，投入所有社會認可的會所和會議中。

我父母容許我為自己的友誼和活動定下界限。他們沒有迫我取得好成績，也很少擔心我是否適應得好或快樂。他們過他們的生活，我也過我自己的生活，彼此靠近，但卻不太接近。在這個意義上，我居住在一個有典型建築者父母的家庭裏，他們容許自己的孩子有自由。但代價是孩子有高度的自我專注或自我沉溺。我沒有面對自己行動的真正後果，但我知道我對自己的家庭是十分重要的。換句話說：我蒙愛，我也可以為所欲為。

一位好朋友在與我頗為不同的家庭裏成長。他父母執行嚴格、專制的規則。他們要求我朋友將頭髮剪得很短，在大學時——而且是在反戰的六十年代的社會動蕩期間——參加預備軍官訓練團（ROTC）會議。另一方面，他們很冷漠，也沒有滿足他感情上的需要。他們的家是專制和疏離的。他不蒙愛，也不能為所欲為。

我的朋友服從那些規則，十分渴望有人會關心他。他那穩重和溫暖的風度，最終令他和一位年青女士建立了關係。他們結了婚二十三年，但那婚姻最終結束，因為她厭倦了我朋友的一成不變，以及不願意玩耍或冒險。他需要處理他父母對他兩個核心問題的答案帶來的負面影響。

在我父母不擅於面對六十年代的風暴時，他們向我保證我是蒙愛的。而且我可以為所欲為。這些答案令我渴求秩序，但卻對任何嘗試控制我的人都十分懷疑。我朋友的父母清楚表明他不蒙愛，而且他不能為所欲為。面對缺乏愛和太多控制，他變得克制和孤獨，但卻保守和有秩序，直到多年之後他的表面破裂，他的婚姻結束。

你在怎樣的家庭中成長？你肯定知道自己蒙愛嗎？你感受到父母愛你，以致不讓你為所欲為嗎？我們需要知道，在我們童年時，父母怎樣回答我們那兩個核心問題，我們才能夠明白自己在回答孩子那兩個問題時的傾向。

孩子會反抗自己的父母，即使在他們自己成了父母的時候，也是如此。我們反抗父母對生命的取向，這令我們能夠定出新的方向，以更大的自由對待我們的時代那些獨特的事情。另一方面，我們每個人都保存一些我們父母在我們裏面建立的東西，無論是好是壞。

我父母很少質疑我的成績或事業上的夢想。另一方面，他們堅持要我參加好些社會組織（童軍、共濟會、足球），這些組織模塑我的道德和品格。現在我成了父親，我往往做剛好相反的事情。我十分著緊孩子的成績，很少視社會組織（包括教會的青少年小組）為讓我孩子成熟的主要地方。另一方面，我因為自己與父母的相似之處而感到害怕。我與孩子因為衣著、髮型和在身上穿孔而爭執，就好像當年父母因為我反叛的青少年外表而與我衝突一樣。

反抗和複製是正常和必須的。不過，它們和富創意不同。我們需要從父母給我們的材料中創造一些全新的東西。我們的孩子活在不同的世界，如果我們要學習怎樣好好養育他們，我們需要聆聽**他們的**聲音。

回應我們父母的聲音

我們有無數的方式可以回應我們父母的聲音、壓力和存在。但四種最常見的方式是證明、尋求贊同、解決或歸還。每一種都有它的好處，也有明顯的缺點。

證明父親知道得最清楚

珍（Jane）十分愛她的父親。有一幅照片是他們兩人站在格林布賴爾山（Greenbrier Mountains）的一個山脊，凝視日落的黃昏，兩個人都穿著卡其褲、漿燙過的白色恤衫，戴著水手帽。她父親總是看著照片說：「有其父必有其女。」珍的兄弟姊妹都知道父親愛他們，但他們也知道爸爸最愛的是珍。

那個家庭很世故和溫文。孩子要衣著整齊，很有禮貌，在某些情況下，也要犬儒和超越指導平凡人的規則。珍的父母容許孩子反叛，如果這配合家庭的名聲的話。例如：孩子在比較年輕時已經可以一嘗葡萄酒和雞尾酒。珍和她兄弟姊妹成了青少年時，父母並不反對他們喝太多酒——只要他們沒有駕車。珍的家庭規則是：「是的，你是蒙愛的（或者至少是得到縱容）」和「是的，你可以為所欲為（只要你不令我們感到羞恥或傷害自己）」。

珍與一個有文化、有教養的人結婚。他比珍的父親弱很多，珍將孩子連結到父母的生命時，他也沒有阻止。婚後多年，珍有一個宗教經驗，令她相信耶穌是她的救主。她的生命，她的婚姻，以及她養育兒女的方式（至少從外面看）都有很大的改變。

她的孩子不再獲准參與飲酒，而這是她父母家庭宴會的一部分。她也不再能夠容忍粗言穢語。而且，對任何輕視在經濟上處於較低階級的人的態度，她都採取強硬立場，她也引入新層面的紀律和照顧。但沒有改變的，是珍對父母的生活方式那基本的忠誠。

珍想父母認識上帝，給他們書籍和錄音帶，希望令他們對屬靈事物產生興趣。但她不能堅持立場，挑戰與他們生命有關的**核心**問題。她糾正孩子的行為，但卻不能説出她怎樣被父親利用，作為比自己妻子更深的情感親密的來源。他選擇珍作為自己最喜歡的人，令他其他孩子與他疏遠，也可悲地令母親和女兒之間出現了嫉妒。她的家庭充滿心痛，但珍不能面對因為自己是爸爸最喜歡的人而帶來的破壞。結果她不能看到自己怎樣和二子連結起來，對大女兒抱更批評和疏遠的態度。她改變了自己養育孩子的外在方法，但卻從沒有面對自己重複爸爸那種偏心的模式。

人們往往重複父母的風格的結構、色彩和方向，以致從不承認父母造成的傷害。人們感到説出那傷害可能表示失去在父母生命中的優越地位。人們有意或無意地嘗試證明自己父母的良善時，下一代的孩子便不能逃避由祖父母確立的模式。但如果最年青的一代要變得自主和自由，那個模式必須被打破。

認真尋求贊同

在這一章較早時，我講述約翰和他兩個寶貝女兒的故事。約翰的太太瑪蒂在輕鬆的家庭氣氛中成長。約翰成長的家庭則視孩子為小軍人，需要很多紀律，應該不需要別人告訴他們，也知道自己得到重視。

約翰與瑪蒂結婚，部分是因為她和他母親十分不同。他母親是威嚴、有秩序和嚴謹的。瑪蒂卻剛好相反，如果她碰到地上有一堆鞋子、玩具或書籍，便是時候將那堆東西移走，而不是催迫所有人清潔房子。他們之間有張力，但約翰和瑪蒂都愛對方，也喜歡他們的女兒——直到約翰的爸媽到訪。那時他們的房子便需要清潔，女孩子要穿上合適的女性衣服，他們婚姻的外表需要拉嚴一些，掩蓋那些輕鬆的家庭習慣，這些習慣肯定會令祖父母感到十分不自在。

約翰盡全力想要得到父母的讚許。事實上，他很希望得到自己年幼時得不到的稱讚。最常出現這種情況的家庭，對「我是否蒙愛？」這個問題的回答是：「我們不是供應你所需，參加你所有球賽和音樂會嗎？你怎敢提出這樣的問題！」在這樣的家庭，養育兒女不是榮幸；而是責任，正確的事情。這個家是充滿艱難工作的世界，成功會得到獎勵，失敗會受到懲罰。那些組成保守宗教團體和政黨的家庭，大都活出這種場景。這個世界由教條式的非此即彼、敵我思想所引導。而這不是模範的基督徒家庭。

約翰在其中成長的家庭，每個人都渴求熱情、喜悅和喜樂，但沒有人可以承認。承認自己孤獨、受傷害和迷惘，會是不忠誠的。大部分在這種家庭的孩子都渴望快點成為父母，讓自己可以**正確**地做事情。但可惜他們不是想藉由正確地做事情來祝福孩子，而是要藉以得到他們父母不願給予的那個賦予生命的肯定。

憤怒地整理混亂

我們很容易明白自助書籍為甚麼那麼受歡迎。人們瘋狂地想令事情變得更好。看一看朋友或你自己的牀頭櫃，你會看到證明我們十分熱切地希望自己更瘦、更聰明、更多禱告和減少焦慮的證據。這種對改進自己的著迷，也帶到我們養育兒女的事情上。在養育沒有缺點、在文化上受到保護、十分屬靈和有恩賜的孩子方面，我們肯定錯失了良機。向那些十分渴望得到整理的人，提供快速的整理方法，是價值數以百萬元計的一門行業。

不過，全然接受這些幫助，是可以將人淹沒的。正因為這樣，現在自助派別有一個分支，容許我們暫停嘗試改變。對**不**太努力尋求改變，我們現在可以感到不那麼有罪疚感。[2]這證明我們因為努力嘗試弄妥自己的生命而變得筋疲力盡。

我太太和我收到很多家庭寄來的聖誕信件。某一年，我們收到大約二百封這樣的信件，我將那些微笑的家庭照片，根據那些家庭有沒有穿著整潔、經協調的服飾而分成兩堆時，感到頗為有悖常理。為了公平起見，我們將我們的聖誕照片也加入整理的過程中。

大約一半的家庭是從事全時間事奉的。另外一半要不是不上教堂，就是有信仰但卻從事宗教領域以外的工作。我整理那些照片時，發覺穿著經協調的衣飾拍照的家庭，百分之七十是有屬靈事業的。從事非宗教職業的家庭，只有百分之四十會穿著好像制服的衣服。事實上，沒有從事全時間事奉的家庭，有整整百分之十五甚至沒有寄出照片，因為正如一封信說：「我們嘗試拍照片，但在那段折磨期間，那隻狗卻嘔吐起來，所以我們認為我們實在太凌亂，不想我們的照片令你們擔心。」我笑得流出眼淚來。然後我再看很多家庭那些可愛的笑臉，他們實在很好看。

我再看那些衣著協調的家庭時，我的自然傾向是嘗試找出為甚麼他們那麼快樂。我想得到答案，讓我可以停止我所做的事情，開始做**他們一直**在做的任何事情。我想向自己保證：「明年我們也會實現這個涅槃境界，讓我可以寄出一張歡笑、十分協調的家庭聖誕照片。」老實說，在那年艾倫德家庭的照片中，我們都穿著紅毛衣。每一個人，包括那隻狗，看起來都比我們在拍照前後快樂得多。

難怪那種弄妥事情的心態帶來那麼多壓力，最終令人沮喪。它令我們不禁想到，為甚麼當**所有其他人**都明白時，我們仍然弄不懂。嘗試弄妥自己和自己的孩子，所帶來的疲累，令我們較少喜樂，有時甚至只有更多失敗。我們嘗試弄妥的事情，可能解決不了往事，為將來製造新的問題。

歸還式養育

對於父母的噪音，最後一個最常見的反應是：比他們喊得更大聲。這種努力嘗試藉著發誓說我們**永遠**不會重複過去，然後怪責那些養育我們的人令我們今天受到傷害，從而掩蓋過去的傷害。這是最難細緻地闡釋的問題。有些父母畢竟真的是邪惡的。回答核心問題時說：「不，你不蒙愛」和「是的，你可以為所欲為，因為我不在乎你遇到甚麼事情」的家庭，是黑暗和具破壞性的家庭。

有些家庭和家族比這更糟。對很多孩子來說，性侵犯是習以為常的事情，沒有人介入停止那傷害。身體和情感的虐待往往不受阻止。有些家庭的孩子被折磨，或為了色情的目的而被出賣，卻沒有人保護他們。這些家庭的數目之多，比我們敢於想像的多很多。那些捱過這種折磨的人發覺，他們不能夠想像自己以所受到的那樣的折磨來折磨自己的孩子。

熱切地渴望創造迥然不同的家庭和家族，往往是由憎恨而不是由愛推動，這是一個困境。憎恨為我們帶來可怕的傷害的人，這是自然的。問題是憎恨會帶來更多憎恨。我們在多大程度上有力地發誓表示自己永遠不會好像母親或父親那樣，我們幾乎也在多大程度上註定會更像他們。憎恨將我們模塑成我們所憎恨的東西。同樣，但遠為好的，是愛將我們模塑成我們所愛的東西。

很多受到父母大大傷害的人都註定會重複那傷害，程度就等如他們的憤怒推動他們那樣。我曾經服事過一個憎恨自己母親的女士。她母親是好管閒事、不值得信任和有防衛性的。在這位女士年幼時，如果她表示失望或不同意母親說的話，便會聽到：「你不用好像對待奴隸那樣對待我。我只是嘗試幫助你。如果你不想我幫助，我會不理你，而自己在地獄裏衰敗。」

我的服事對象憎恨她母親，但她永遠不能夠承認自己的憤怒。她完全控制著自己，以百倍的努力不去輕蔑自己的女兒，並避免操控女兒的任何決定。她的女兒對她有更多要求，並不斷尋求她的意見。但她拒絕給予建議或批評，更表示自己怎樣以女兒為榮。那女孩變得憤怒。她想母親與她爭執，與她爭論，作媽媽，而不是製造自尊的啦啦隊隊長。

馬丁·路德（Martin Luther）有一句名言：「基督徒生命就好像醉漢嘗試騎上馬背。從一邊爬上去，又從另一邊跌下來。他站起來，從那邊爬上去，卻從原來那邊跌下來。」如果路德沒有這樣説，他也應該這樣説，因為這可悲和可笑，但卻是事實。我們在憤怒之中，愈熱切期望不要做我們憎恨的事情，便愈在另一個極端那裏失敗。而且很多時，無論我們多麼堅決，我們都比我們想像中更接近延續我們所憎恨的事情。

是時候超越我們父母的聲音。我們需要確立一種取向，是既不為父母辯護，也不證明他們是絕對錯誤的。我們必須能夠與孩子交往，而不感受到有著要修補自己的過去的壓力。我們必須尊重我們的父母，但選擇我們蒙召跟從的養育子女方式。我們必須令父母的聲音安靜下來，讓我們可以清楚聽到孩子的問題、指控和邀請。

透過平靜外面的噪音，讓我們在孩子成長時可以聆聽他們，我們便得到我們所需要的智慧。

註　釋

1. 我會在第十章回到我女兒的故事。
2. 當然，我對自助行業的批評帶有不誠實的色彩，因為這本書也是為那些尋求幫助的人而寫的。所以容許我提出一個免責條款：這本書不會對你的生命帶來革命性的改變；它只會將你放到那條讓你做你總是想做的事情的路上。

第五章

調低我們文化的聲音

我們不是要證明我們的孩子很棒

正當我第三次咆哮著說大家都需要上車去教堂時，我女兒阿曼達從樓梯走下來。我們通常都遲到，但今天卻有足夠的張力，令去教堂同時顯得可笑和絕對必要。不過，當我看到女兒穿甚麼時，我呆了。她穿了一件緊身套衫，上面有一些假的意大利麵條。在其他情況下我可能不會反對，但她**不能**穿這樣的衣服到教堂。

我叫她跑上樓換衣服。有一刻我們之間產生了張力——「這件上衣有甚麼不妥？它又不暴露……」一個憤怒的父親指示阿曼達到她的房間，她用力地踏著步走上樓，換了衣服，然後我們步履維艱地出發去教堂。

在我們聚會的教會，人們穿著拖鞋、短褲、牛仔褲和汗衣並非罕見的事情。我從未見過我們的牧師結領帶。我所尊重的父母親，他們的孩子到教會時，曾穿上令我感到不自在的衣服，但我也感到自己不應該那麼堅持人的傳統。但當我自己的女兒穿著一件令我抓狂的上衣時，卻沒有討論或妥協的餘地。我堅持要她換衣服，就是這樣。

為甚麼我那麼頑固？那是因為我們只簡單地將別人歸類為「他們」。「他們」會怎樣想？當然，我反對阿曼達的衣著時，我用屬靈的藉口掩飾我的羞恥：「我不認為那件上衣能夠榮耀主。」我記得我看著自己有點破爛的牛仔褲，明白如果母親看到我穿甚麼會多麼憤怒。太多文化噪音和太少時間，迫使我女兒和我接受我的決定。但如果我想學習聆聽我孩子的聲音——更不要提上帝的聲音——我必須明白其他聲音怎樣爭奪我的注意力。

有四種文化聲音，在給我傳遞關於我的孩子的信息時，互相競爭著。這些傳媒、朋友、學校和教會無處不在的聲音彼此重疊，而且往往互相矛盾。這些聲音往往妨礙我們聆聽我們的孩子。

傳媒：調低控制的聲音

以它們的多種形式結合起來，傳媒構成一種文化的神祇。考慮一下好像電視、電影和錄影帶等視覺媒體；好像收音機、MP3 和 CD 等聲音媒體；以及好像報紙、雜誌和書籍等印刷媒體。結合影像、聲音和文字的最全面媒介，或許是萬維網。這媒體被視為一種混合體，有上帝的屬性，因為它們在任何地方（無處不在），告訴我們關於一切的事情（無所不知），而且似乎能夠做任何事（無所不能）。

控制媒體的實體，也控制著地球。正如勝利者撰寫歷史那樣，媒體決定誰是勝利者。在誰的著作得到出版，誰錄製CD，誰獲選總統，以及甚麼顏色可能被視為在秋季或春季時裝中最流行上，這都是真實的。要明白媒體對我們的控制，讓我們先考慮一下它們怎樣反映上帝的特性。

無處不在

幾乎在任何時間，我們都可能找出在世界任何地方有甚麼事情發生。互聯網令你能夠在任何時間，與任何地方的任何人交談，無論你和現實世界多麼隔絕。你所需要的只是科技和正確的網址，便可以坐在桌旁瞬間讀到關於地球另一邊的政治動蕩的記載。或者甚至在晚間新聞報告前，你已經可以知道一條參議院通過的法案的細節，而這條法案會立即影響某方面的股票價格。

資訊並不停止在那裏。電視一些最便宜的「娛樂」節目，是類似《六十分鐘時事雜誌》（*60 Minutes*）和《48小時》（*48 Hours*）等半新聞節目。以很低的製作成本和很高的收視率，這些節目可以去到很遠的地方，讓我們看到所有其他世代都接觸不到的領域。而且，新聞的無處不在和科技的普遍，令我們可以同時看幾個新聞節目，而且在同一時刻似乎在任何地方都那麼重要。

很多人得了和時差綜合症相似的結果。我們的身體（空間）趕不上我們旅行的速度（時間）；因此，我們超越了我們有限性的限制。結果是筋疲力盡。由於我們可以同時在很多地方，要繼續運作，惟一正常的方法，就是培養注意力不足症（ADD）的症狀。我們不能專注於一件事情，因為我們專注於所有事情。

我們大部分人都前所未有地快速，同時感到自己只是在無謂地瞎忙。媒體邀請我們擴闊我們的視野，直至沒有關於盡頭、限制或休息片刻的想法存在。只要機會的無處不在並無界限，我們便會攫取無處不在的刺激。但那大悲劇是：我們雖然無處不在，但卻很少與我們的孩子在一起。

無所不知

如果我們可以無處不在，我們也可以無所不知。對知識的貪求源自理性地假設：如果我們知道，我們便可以預測。而如果我們可以預測，我們便可以控制。這是科學獻身於分析一切，解剖藉以明白一件物件或一個存有怎樣運作的基礎。

但這正是令人煩惱的地方。雖然有資訊革命，我們卻明白，我們不能夠知道自己需要知道的一切。因此，我們將那工作外判給別人。我們因為孩子學業成績不好而生氣，於是約見學校的輔導員。他轉介我們去見精神科醫生，他可以進行注意力不足過動症（ADHD）測試，並處方藥物。精神科醫生被他專業的要求限制，只能夠倚賴製藥公司營業代表提供的最新資訊。藥廠營業代表選擇性地報告研究結果，支持為甚麼他公司的藥物是最佳選擇。

只要我們被「知識賦予控制的能力」這個假象吸引，我們便總會期望下一個令生命有效的研究、專家或開創性發現。問題是：我們沒有至高的權威去驗證任何資訊的真誠性。那是一幅拼圖，總是缺一塊的無限拼圖，卻沒有統一的圖畫引導我們怎樣將東西拼湊起來。這令我們很多人朝兩個方向的其中一個走：要不是回到簡單、黑白分明的教條主義，就是走到無望的不可知論，說：「我不知道，也不在乎！」

我們對自己孩子的成長過程、心理壓力、智商、技巧配套、氣質和情感需要，都比歷史上的所有父母知道得更多。可惜我們知道關於孩子的一切，卻看不見我們的孩子。

無所不能

媒體提供透過資訊實行控制的假象，我們對這假象的追求，只帶來筋疲力盡和迷惘。如果我們真的可以無處不在和無所不知，理論上我們甚麼也能夠**做**。存在和知識的目標是創造，按我們希望那樣製造和模塑生命。

如果一個人是無所不能的話，他或她便不會受苦或有所欠缺；無所不能的人不會以任何方式受到妨礙。但如果取得資訊不能帶來這個狀況，甚麼才能夠？在我們的文化中，得到權力的途徑是名譽、財富或者同時擁有兩者。個人的名聲愈大，個人擁有決定生命的條件，統治不確定的混亂的能力便愈大。個人的財富愈多，便愈能夠令自己免於不確定，並消除生命的痛苦。

名譽、財富和權力之間的這種連繫，解釋了為甚麼我們受到由媒體創造的名人文化吸引。我們看著巨額彩票的得主拿著九千萬元離開，或者看見一個跑得比任何人都快，將球擲得比任何人都遠，或者踢足球踢得比任何人都好的人，簽一份數以千萬元計的合約。那不是我們，但卻是某人。來自體育和娛樂和集團美國的人物是我們的英雄。如果他們的名譽和財富，並不保證完全的無所不能，它們肯定以「人類可以享受那種幾乎完全的能力和樂趣」這個前景來逗引我們。

我們對無所不能的渴望，令我們毫無進展：我希望我可以好像名人那樣，控制生命中的混亂。但我不能夠這樣，因此我大可盡可能享受樂趣，並嘗試避免任何令我不快樂的事情。但仍然有混亂。我可以實行的惟一控制，是嘗試取得更多關於正在發生甚麼事情的資訊。因此，我扭開有線新聞網絡（CNN），而這表示錯過我的兒子或女兒嘗試告訴我的事情。

這不單是我們太多時候開著電視機，也不是我們聽粗俗、不敬虔的音樂和看令人反感的電影。我們也這樣做。那是我們沒有面對自己心底，想媒體好像上帝那樣聰明和強而有力此一深刻渴望。我們尋求控制環境的力量時，是尋求只有上帝才擁有的無所不能，並喪失聆聽祂的聲音的能力。而當我們失去祂的聲音時，我們無可避免地也聽不到我們孩子的聲音。

我相信我們看到朋友、學校和教會怎樣也令我們聽不到我們孩子的聲音時，我們最終會明白這種偶像崇拜的力量。

鄰舍和朋友：調低比較的聲音

妒忌的污漬染在每一個鄰舍和所有友誼之中。傳道書的作者告訴我們：「我又見人為一切的勞碌和各樣靈巧的工作，就被鄰舍嫉妒。這也是虛空，也是捕風。」[1]我們稱這為「追上瓊氏一家」（“keeping up with the Joneses”），但它實際上比單單想得到別人所買的東西更深刻和更陰險。

妒忌的遺產是：「相信我們擁有的東西有瑕疵，而別人擁有的卻很高尚」這個重擔。妒忌的根源是現在就要天堂，而妒忌的載體是比較。你有，我卻沒有。我聽到朋友描述他們在非常美妙的旅程中享受休息和親密時，也感到對擁有這樣的旅程的渴望。我看到鄰居送孩子到巴士站，不用趕去工作，因為他很富有，那時，我也感到這種渴望。我聽到一位好朋友彈結他唱歌榮耀上帝，而我卻做不到時，也有這種感受。妒忌是一種欲望，為要求感到痛苦，並充滿不感激。

你看到昂貴物品的廣告，就如汽車廣告時，留意有甚麼事情發生。人們隨著經典搖滾樂的節奏起舞，他們臉上帶著漂亮的笑容。他們躲在豪華的汽車裏，讓這棲息處幫他們抵擋生命的風暴和危險，因為只要按一下按鈕，個人精靈便會告訴他們現在身處何方，汽車還可以走多遠才需要加油。我不禁問：「為甚麼**我的**汽車不是這樣？」我沒有狂喜出神，當我的汽車輪胎破裂，或者我在陌生的城市中迷路時，也沒有人來拯救我。

麥迪遜大道（Madison Avenue）知道，單有一部汽車不會令大部分人興奮，因此推銷那產品實際上是推銷一種經驗。我們購買的是那嘶嘶聲，不是那牛排。營銷尋求刺激需要，然後承諾一個容易實現的解決方法。我們都熟悉這種推銷計劃，我們也知道那不是真的。那麼，為甚麼我們還不斷上當？

快捷的答案是我們無法自拔。廣告商只是跟從我們受污染的心的模式。我們渴求。我們妒忌。如果我們在追求時間和金錢時，有這些衝動的話，關於我們的孩子，我們與妒忌的搏鬥會更為激烈多少倍呢？

妒忌與我們鄰居的孩子

一位好朋友有一位十分有天分的女兒，她在運動、學術、音樂、領導才能和靈性方面都十分出色。她的游泳技術達到州份水平。她的學業成績達到 A+，她喜歡數學和科學，也大量閱讀經典著作。她唱歌很動聽，也懂得拉小提琴。她聰明、美麗，而最令人不知如何是好的，是她很謙虛，而且惹人喜愛地對自己的天分不以為然。我知道有這樣的人存在；我只是不想認識他們。

她的父母稱讚女兒最近期的成就時並不自大，但她在州立科學展中贏得獎項，而要我的兒子承認他星期一要交一個科學習作，卻是關乎生死搏鬥那樣困難，我實在很難以高興的心情來回應所聽到的消息。我愛我的孩子。我知道上帝獨特和完全地裝備他們去應付自己的呼召。我知道妒忌有辱人格，令感激和喜樂蒙上陰影。我就是不喜歡鋼琴演奏會、體育活動、頒獎禮、學術能力測驗（SAT）的分數，以及孩子被迫互相競爭的各種方式。

我對自己孩子說過的一些最冒犯的話是：「為甚麼你不能更努力，好像某某那樣？」「為甚麼特拉維斯（Travis）／蒂弗妮（Tiffany）應邀參加那隊伍，但你卻不獲邀請？」和「你看到詹妮芙（Jennifer）／杰里米（Jeremy）在那婚禮穿得多麼得體，多麼文雅嗎？」拿我們的孩子與別人比較，通常源自我們潛在地拒絕接受自己在上帝裏面是誰。每個基於妒忌的比較，都淹蓋我們孩子的聲音。

妒忌我們自己的孩子

妒忌其他父母和孩子往往是很難承認的，但卻不難看見。不過，我們妒忌自己的孩子時，卻既難承認，也幾乎不可能看得清。我怎可能妒忌自己的兒子或女兒？有時我只是妒忌他們年青。有時我將中學二年級的我與我讀中學二年級的兒子比較，並想到：「我那時那麼笨，而他卻這麼酷。」他懂得吹喇叭、迪吉里杜管和彈結他，我那時卻將大部分時間花在吃奧利奧餅乾（Oreos）或在鄰舍之間製造麻煩。

妒忌——即使在這個情況下——更深地滲入靈魂。我聽過父母說：「我希望我以前有我現在給我孩子的好處。實在太不公平了。」這通常是在孩子做了一些令人失望的事情，令父母的犧牲顯得愚蠢時說的。我們拒絕養育兒女會有的悲傷、埋怨或後悔時，妒忌便浮現。

我服事的一位女士，她的女兒是她在年僅十七歲時誕下的私生女。當女兒還是少女時便懷了孕，令她感到既羞恥又妒忌。這位母親給女兒很多愛、很好的教育和很好的、像家一樣的教會。女兒的懷孕不單增強母親的憤怒和羞恥，與她那孤單和空虛的童年相比，女兒那安逸的生活令她妒忌。

我們發覺自己妒忌我們孩子的好處、天分、美麗、力量和平靜。知道我們生命的路途很大程度上已經確定下來，而他們的路途卻是開放的，我們也可能妒忌他們的將來。但妒忌我們的孩子，無論在甚麼層面，都可以令我們聽他們聲音的感官變得麻木。

妒忌那些子女已經長大的人

我們傾向相信，身為父母，我們現時的階段比幾年後困難得多。我急不及待地希望換尿片的日子會過去，讓我可以開始有樂趣。但接著來到的，卻是可怕的兩歲和緊張的三歲——我們怎樣生存？讓我們捱到孩子上幼稚園吧，那時我們便沒有問題了。我們將今天貶低，將明天偶像化的習慣是根深柢固的。

一對父母告訴我，他們最小的孩子上大學時，他們感到多麼興奮。他們愛他們的孩子，但也期待那平靜，以及有更多時間一起作為他們的獎賞。他們沉醉地談及終於可以完成的計劃，想到訪的地方，以及在經過多年養育兒女的疲累日子後可以享受的休息。

我受到誘惑，數算還有多少年我便能夠因為這種興奮而誇口。所需的年數，超過一隻手的手指的數目，然後我發覺這對空巢的夫婦年紀和我一樣。他們準備展開生命中玩樂的日子，但我仍然要叫我的兒子將他的電結他的音量調低到黎克特制 2.2 級。宜人的海灘和加上紙洋傘的水果飲料略過我的心頭，我要除掉這些形象，才不會遺漏了更多談話的內容。

我從我小小的逃避幻想回來後，那對夫婦提到他們十分擔心最大的兒子，他正在為婚姻掙扎。他們未結婚的女兒也與一些他們不尊重的男人有不理想的關係。正要上大學的兒子在預備獨立生活時有焦慮症。我突然間想到——一日為父母，終生都是父母。將父母與子女連繫起來的繩索，只會在死亡時才中斷。

所有形式的妒忌都令內心麻木，增強那些妨礙我們聆聽孩子的噪音。對妒忌的醫治不是避免欲望的掙扎；遠為重要的，是承認妒忌只是更大的戰爭的一部分。來自我們教育系統的壓力，令那戰爭變得更激烈。

學校：調低壓迫的聲音

在為了社會的痛苦不知道應該責怪誰的文化中，學校往往成了被圍攻的代罪羔羊。揭露我們國家的脆弱的那所核爆基點學校，是哥倫拜因中學（Columbine）。但公共教育系統在哥倫拜因的悲劇很久以前——和之後很久——一直都受到壓力。

文化戰爭去到學校

教育環境充滿互相衝突的價值觀、意識形態、方法論和政治陰謀。沒有人質疑教導閱讀、寫作、科學和數學是否重要。學校只是為了學習基本技能，這意識形態也不值得花一刻去反省。學校一直都是社會化的培育所，嘗試預備孩子成為良好的公民，富經濟生產力。那辯論所圍繞的是內容和過程。

不知怎的，公共教育事業接受了兩個核心的假設：內容必須不含任何價值判斷，而過程必須建立自尊。如果某個意識形態被賦予特別的價值，便冒犯了所有其他觀點。如果我們不容許穆斯林、佛教徒或甚至巫術崇拜（Wiccan）的角度，我們怎能夠在公立學校教導基督教倫理？

中立成了金科玉律，取代所有價值觀或視角——「你願意別人怎樣待你，你也要怎樣待人。」[2]問題是：這個聖經的生命倫理被重新定義，以自尊作為對抗自私、貪心和殘忍的保障。教育的基礎由以內容主導的課程和猶太—基督教的道德，轉為自由地指控專制主義和意識形態上的帝國主義。自由派接著論證支持批判思考、容忍和自尊的增長，對此，保守派譴責假設是不帶價值判斷的人本主義的虛偽，這種思想向孩子灌輸一種容忍的觀點，令反對同性戀、婚前性行為或自尊課程都變得不道德。保守派被標籤為蓄意阻撓者，自由派則被標籤為虛偽地向基督教以外的所有意識形態和主義開放。容忍似乎有它的限度。

很多父母都不理會這些文化戰爭。但在我們孩子的世界，這場辯論製造的喧囂，是他們在功課、性教育、欺凌、飲酒、婚前性行為和以藥物為基礎的治療被當為偉大的萬靈藥之中，他們所面對的所有問題，其下那搖搖欲墜的基礎。同時，對大部分父母來說，底線問題在於他們的孩子是否快樂和取得好成績。在噪音中失卻的，是我們的孩子的聲音，那告訴我們孩子的真正需要是甚麼的聲音。

保障和冒險之間的張力

無論文化戰爭變成怎樣，父母的真正要求是他們的孩子快樂和富生產力。快樂表示孩子不沮喪或不涉及有害的活動，並對自己有良好的感覺。衡量生產力的方式，是學生的成績好得足以令他們進自己選擇的大學，讓他們可以開始朝經濟獨立走。如果孩子遠離麻煩，培養正當的學習技巧，養育子女便只是比將飛機調校到自動駕駛模式，然後偶然檢查一下儀器，做多一點兒功夫而已。

但這些養育兒女的目標，忽略了孩子面對的巨大壓力。每個青少年都知道，配合規則但仍然能夠引人注目，這種壓力有多大。孩子也十分明白，要成功，但卻不要聰明得失去與朋輩的連繫和尊重，這樣的壓迫有多大。父母的壓力是推動孩子成功，而又不令他們沮喪或打擊他們的自尊。我們不能夠有不快樂的孩子，但我們也不能夠容忍懶鬼。無論怎樣，孩子都在壓力之下。

對父母、孩子和學校系統來說，問題的相似之處在於安全和危險及保障和冒險之間的張力。對成功的要求愈大，能夠有的安全便愈少。我們愈以競爭的環境衡量成績和表現，一些孩子因自尊低落而吃苦的可能性便愈大。一個好例子是小學閱讀小組。你會不會將程度高和程度低的學生混合在一組？如果這樣做，整組學生都要調減至最弱的學生那個程度。不過，如果根據能力來區分小組，那些被派到程度低的組別的學生，自尊心便會受損。這是生命的簡單原則：我們必須在更安全或更冒險之間選擇。正如在財政投資上，如果你尋求高回報，冒險程度便會提高。

自尊運動的致命缺點，是我們不能夠同時擁有兩個世界裏的最好的東西。我們必須選擇冒險或安全，或者滿足於令人沉悶的中庸——既沒有好表現，也不特別穩定。這灰暗的中間地帶，正是學校系統所實現的。結果是平均、不十分獨特的產品，孩子仍然面對找方法超越齊一的大多數而帶來的壓力。

從沒有任何時代比現在更討厭**中等**，並努力對抗這種狀況。以前從沒有那麼多課外活動。我太太和我花了無數時間送孩子去踢足球、上音樂課、參加青少年小組和網球比賽。我們被幫助孩子成功的壓力壓倒。父母向孩子呼喝，要他們完成功課，好讓我們急急送他們去參加那個星期的第 n 個活動時，實在很難聽到孩子的聲音。而除此以外，還有主日的教會。

教會：調低配合的聲音

教會往往令我們聽不到孩子的聲音，這可能令你感到驚訝。媒體、鄰居和朋友以及學校製造太多噪音，掩蓋我們孩子的聲音，這已經夠糟了。教會不單應該是安靜的地方，也應該有自由讓我們承認自己最深的掙扎，與之搏鬥——當然，除非教會被視為道德的文化調停者，而不是罪人安全的庇護所。對很多人來說，更安全的庇護所是酒吧、髮廊或健身會。在那些地方，每個人都知道你有甚麼夢想，感到必須容忍你的習性，至少給予虛假的接納。不過，在教會，我們往往遇到閒言閒語和判斷。當然，在其他地方也受到這些傷害，但當這些事情在教會發生時，卻嚴重與救贖的核心有矛盾。

有眾多標準的羣體

聖經裝滿標準和命令。信徒不能結出肉體的果子。我們不能喝酒，也不能損及自己性方面的純潔。我們不能受對上帝的愛以外的任何事物、人或觀念控制。但我們卻是這樣。

除了耶穌以外，過去和現在都沒有人有完全服從天父的熱誠和純潔。我們都跌倒。跌倒表示在生命的每一刻，我們都需要恩典。沒有上帝的赦免，我們不能夠對抗祂的審判。

事實上，教會既是恩典的歡慶者，也是聖潔的詩人。基督徒在私人生活和更廣闊的文化中，公義地生活或爭取活出聖靈的果子，並不是錯誤。但當某些行為標準，而不是恩典和赦免，被假設為基督教的核心時，我們便失敗了。我們信仰的核心不是一套規則，而是十字架。以標準為導向的宗教的結果，是出現一種令那些似乎是做人們預期的事情的人產生自義。甚至以這種自義為主導。對那些不那麼擅長欺騙別人的人來說，以標準為導向的基督教，帶來的結果會是羞恥。

羞恥的羣體

羞恥是經驗被揭露和審判。我在醫生面前脱衣服可能感到尷尬，但如果他說：「噢，你真的很胖！」我的尷尬便會變為羞恥和憤怒。羞恥的羣體可以好像全然躲避那樣粗魯，但大部分教會都訴諸一種更陰險的形式——說閒言閒語。如果不是為了以閒言閒語方式傳達的「基督徒的關注」，我們都有自由在禱告聚會中站起來，就我們與一個任性的青少年經歷的掙扎要求別人幫助。

當張力仍然存在，威脅著要毀掉我們時，有三個理由令我們不尋求幫助。第一，如果我們提出要求，就會成為極少數**曾經**公開分享一些個人和未解決的問題的其中一個人。第二，我們會發現人們避開我們。少數與我們談話的人會提供好聽但無效的關心，或者建議我們讀某本書，作某個禱告，或者甚至責備我們。對正在掙扎的人，公開要求幫助，就好像將靶心掛在背後，然後給別人彈藥。第三，我們的掙扎會變成別人的話題。人們大可拿出一份本地報紙的公告：「愛德華．「史密蒂」．史密斯（Edward 'Smitty' Smith）宣佈他和他兒子小埃迪（Eddie Jr.）忍受了多次憤怒和增強的張力。愛德華更承認他以自義，對兒子提出無根據的指控來處理自己的憤怒。然後變得沉默，表示我比你聖潔，令十五歲的埃迪生氣。愛德華承認自己的錯，要求整個羣體為他禱告。」

教會被建立為恩典的地方，讓我們自由誠實地承認自己的軟弱和失敗的聖所。但實際上，它卻成了我們最容易向別人隱藏自己的缺點的地方。可惜我們以遵從的偽裝取代了對恩典的追求。

遵從的羣體

很多人到教會的目的是從上帝得到一些東西，而又不致被別人找到。當然，有些人到教會是為了找生意門路，就好像他們參加社交會所一樣。但大部分到教會的人都希望得到屬靈意義或有一刻與上帝連繫。

還有同樣多的人尋求安全和穩定，想就自己怎樣生活得到認可，而不是鼓勵自己接受信仰生命的大膽冒險。這些人和那些安全滑雪者相似，安全滑雪者的目標不是為了享受站在兩塊薄薄的玻璃纖維向山下衝的歡樂，而是希望不跌倒而到達山腳。找出安全的滑雪者並不困難。他們的姿勢是僵硬的，他們的動作緩慢而沉重。他們的轉變缺乏開放性和優雅。同樣，有些人去教會是為了在一星期中過得更好，但卻不是要將尖尖的一端指向山下，參與尋求上帝的痛苦和狂喜。

同樣，父母墮進努力不失敗的陷阱，而不是熱情地追求上帝在他們兒女生命中作帶領。由一套規則和責任帶領的父母，他們的主要祈盼，是養育在道德上正直的兒女。就是這樣。這樣的父母想：**如果學校令我的孩子聰明和能幹，那麼教會便應該負責幫助我的孩子變得善良和負責任。**

很多人會反對說：「當然，我想我的孩子善良，但我更想我的兒子或女兒認識耶穌是主和救主，並為了祂的目的而活。」這是合理的。但如果你的孩子愛主，也想在鼻子穿孔，那又怎樣呢？如果她想在市中心居住，獻身於陪伴靈性貧乏的妓女和吸毒者，那又怎樣呢？如果信仰引導你的兒子視保守的政治事業為缺乏勇氣和憐憫，參與以信仰為基礎的社會行動組織，那又怎樣呢？

幫助我們的孩子認識耶穌只是第一步。更大的追求是我們想他們毫不妥協地跟隨上帝。我們想他們捕捉大膽地生活和在跟隨上帝時冒大險的熱情。嘗試在聖經中找一個耶穌以外的主要人物，是毫不妥協地跟隨上帝，而又不是受到損害的人吧。上帝最熱情的門徒，無論在舊約還是新約，都不是那些生命沿著直線整齊地揭示和前進的人。祂最大膽的追隨者是背負重擔的人，公眾反對的目標，往往在自己心裏也充滿衝突，很少是令村裏的人以他們為榮的，甚至信仰羣體也不以他們為榮。我們真的願意讓我們的孩子冒大險，並在深刻和可怕的層面失敗嗎，如果上帝使用這些失敗令他們的心歸向祂？

我頗為經常地問自己這個問題，我承認在養育兒女的爭戰的核心，我通常只想我的孩子循規蹈矩。他們知道有甚麼規則；我只想他們遵守。但他們不會照我的意思做，更不要說照我的要求做。他們的選擇往往與我的欲望有衝突，在我只是想到我的孩子，更不要說實際與他們談話，聆聽他們時，引發害怕、羞恥、憤怒、傷害和迷惘的噪音。

我們的任務不是找方法一勞永逸地脫離所有這些不敬虔的聲音——媒體、朋友、學校和甚至是教會的聲音。上帝只是邀請我們承認我們是聾子，我們的耳朵和眼睛必須打開，我們才能夠與我們的孩子交往。只有藉著平靜這些互相競爭的聲音，我們才能夠得到來自聆聽我們孩子的智慧。

註　釋

1. 傳四4。
2. 這種倫理的聖經基礎在利十九18；羅十三9；加五14；雅二8和其他地方。

第六章

聆聽你婚姻的聲音

敬虔聯合的音樂

有一個主要的論點一直貫穿著這本書：有太多其他聲音掩蓋我們孩子的聲音。扭曲我們聆聽我們孩子的真正問題、指控和渴望的能力的其中一種最可悲的聲音是來自我們婚姻的噪音。這往往是未經解決的張力帶來的噪音。它也可能是兩個伴侶分開或離婚時那沉默的噪音。

沒有任何聲音比孩子父母的婚姻更是能是產生安慰和模塑他們生命的音樂。反過來說，沒有聲音比有麻煩和不悔改的婚姻能夠更可怕、更令孩子沉默。到目前為止，我們嘗試聆聽和平靜我們父母、朋友、媒體、學校和教會的聲音，令它們不會妨礙我們聆聽。現在我們投入所有任務中最重要的一種：面對我們婚姻所發出的話，怎樣淹沒或鼓舞我們的孩子的聲音。

模範婚姻

上帝希望婚姻成為最深刻地反映祂的性情、內心、熱誠和目的的一種關係。婚姻是上帝面向世界的臉孔，世界不能看見祂，除非以人的血肉描繪祂。婚姻透過獨特和彼此互補的人的互動和聯合，體現上帝三一的本質。婚姻可以也應該反映上帝的能力和憐憫。但如果全然誠實的話，婚姻也是一團糟的。

模範的婚姻反映上帝的性情，它也揭露我們十分需要赦免。正如婚姻是要顯示上帝的 *hesed* 或者立約之愛的某些方面，它也最深刻地證明我們需要上帝忠誠的愛，因為在每段婚姻中都有罪和哀傷的浪潮。在兩個人一起付託自己的將來，告訴每一種破壞性的力量和影響說，除了死亡以外，沒有甚麼能夠將他們分開這個處境中，生命最強烈、深刻和永恆的問題浮現。如果這看似是困難滋長的輕率邀請，這正是婚姻。

婚姻是一片濕土，同時生長著罪的雜草和救贖的玫瑰。沒有其他關係需要更多，付出那麼少和那麼多，同時揭露我們靈魂中最好和最壞的東西。個人品格中的每一種軟弱——缺乏耐性、害怕親密、不自然地緊抓著不滿——都會被放大。奇妙的是，最隱藏和未成形的犧牲和堅忍也在良好的婚姻中最預期不到的時刻出現。

我必須十分清楚地提出以下一點：孩子需要看到婚姻中最好和最壞的地方，藉以不單明白罪的深刻，也明白定罪、悔改、恩典、復和及歡慶那光輝的榮耀。否則，關係上的黑暗會被揭發但卻不會說出。而這會毒害醫治的盼望。

在我們讀研究院的貧窮日子，我太太和我通常每星期在上教堂後外出吃一頓飯。我們實在太窮，不能夠兩人都點菜，於是每星期我們便輪流點菜。然後兩人分了那些食物來吃。有一個星期，我們兩人都說輪到自己點菜。我們的聲線愈來愈大，強烈地表達確信和飢餓。那不是苛刻的往還，但在我們的辯論中間，我們聽到兩歲的安妮說：「錢，錢，錢。你們總是為了錢而爭執。」

我以為我們會笑得透不過氣，直到我們感受到她的洞見的力量。孩子往往憑直覺知道我們拒絕看到的事情。如果我們真的聆聽他們的聲音，那又怎樣呢？我們的婚姻會怎樣改變？我們會成為多麼不同的父母？

這是多麼矛盾的姿態。父母必須顯示上帝和祂的恩典，不單藉著示範甚麼是真實的，也藉著示範甚麼是虛假的。值得感恩的是，我們沒有人需要故意失敗，它會來得自然而且頻密。但當罪出現時，我們必定不能以父母的特權，或者只是當它是偏離常軌那樣將它掃開。婚姻是最真誠和最冒險地追求成熟的訓練場，因此它必須在全面考慮我們的孩子的情況下實行。

婚姻的嘲弄

有三大違背婚姻行為，就是——離婚、漠不關心和虐待。在所有三種情況中，婚姻都被嘲笑，來自地獄深處的黑暗笑容，使那負面影響傷害的孩子的內心，變得麻木和被扭曲。

離婚和對盼望的憎恨

離婚是活著的死亡。一個父母死去時，關係只在記憶和夢中繼續。再沒有現在可以加在關係的倉庫內。死亡製造一種靜態、未解決但也已經解決的結局，最終為獲給予的帶來感激，並為被錯過的帶來傷痛。關於那對死去的父母的盼望，變成主的日子那更大的盼望一個流動的部分，那時公義會掌權，和解不單是個人的，也是普遍的。不過，對於在離婚事件裏與憎恨盼望搏鬥的孩子來說，這些同樣的事物卻是**不**真實的。

每個父母離異的孩子都夢想有一天媽媽和爸爸會再次走在一起。他們可能會恢復理智和重聚。那孩子在雙重束縛的折磨下生活。如果他停止盼望，他心中某些東西必須死去。如果他繼續有盼望，他便成了欲望變幻的受害者。無論怎樣，那都是雙重的死——要不是形成高潮、最終和嚴厲的死；就是在程度上、慢慢地分隔的死，讓每個人都感到好像是新而殘忍的折磨。

盼望的過山車旅程，衝上高峯然後又延遲滑落，令孩子的心染病。[1]殺死那盼望，比忍受它的周期性興起，但接著總是滑落，實在容易得多。離婚不單是現在的災難；它也是對過去的縱火和對將來的謀殺。記得的好時光，現在回想時，已經不可能不帶有強烈損失的感覺。被焚燒的過去，在黑漆漆的灰燼中被吹走；將來也被殺害，藉以避免重新有盼望的試探。

離婚令孩子對親密和忠誠產生輕蔑。親密被視為引誘人進入愛的誘惑者。但那些孩子現在知道，沒有好事情能夠永恒，因此，親密是一個謊言的誘惑——最好在結果來臨前離開。離婚帶來玩世不恭，孩子所建立的關係，拒絕降服於別人的好處之下，同時又透過性和隨便的假委身剝削親密。

沒有人認為離婚是社會的一大好事。很多人會說它是可惜和無可避免的必要事情，這已是最好的說法。底線是：離婚為那些因為那失敗而受到打擊的父母帶來重大的挑戰，而且他或她現在要面對單親父母的財政和個人要求，需要醫治，也要照顧孩子的情感安好。離婚要求在那可能最壞的時刻裏有最高的需索——而這是能夠做到的，但不是令每個人都滿意。

為了平靜離婚的噪音，父母需要時間、勇敢的耐性，以及對孩子會怎樣破壞盼望懷有令人不安的開放。可惜，很多離婚的父母動搖孩子與前夫或前妻的親密關係，並假裝生活如常——或者至少比它實際上好。結果孩子成了父母的憤怒的政治工具，從而學懂漠不關心地操控的技巧。

如果離婚是平心靜氣的，那些張力便沒有那麼嚴重，但那迷惘的噪音和對盼望的憎恨會同樣高。一方面孩子說：「如果像媽媽那麼聰明的人都可以犯這麼嚴重的錯誤，我怎可以避免同一命運？」結果對任何關係能否持久產生深層的懷疑，更不要說好和真實的關係了。另一方面，如果孩子說：「媽媽嫁了一個失敗者，因為她是失敗者，我不會犯同一個愚蠢的錯誤。」那孩子便會變得傲慢和自大。

經受離婚而仍然選擇聆聽孩子的心，需要很大的勇氣和信念。它要求願意更深地進入孩子的矛盾情緒、責備和恐懼——並以一個信念這樣做：相信隨著過程令我們謙卑下來時，我們會成長，而我們受傷的孩子也會成長。

漠不關心和對沉悶的恐懼

很多人都有一種強烈、幾乎過度的要求，就是無論怎樣，為了孩子的好處，有麻煩的夫妻都需要繼續一起。婚姻可能是可怕的，父母的一方或雙方可能很悲慘，但對孩子來說，既便不好的婚姻也比離婚好。這有待證實。被要求作決定就好像有人問你，你想以溺斃的方式還是服食過量藥物來自殺一樣。哪一樣是更人道的傷害方式？這樣的選擇好像並不是真正的選擇。

真正的選擇是藉著**拒絕**維持漠不關心，而冒更大張力的危險——甚至可能是離婚。這種拒絕表示冒險將漠不關心變為親密，或者可能是疏離。可悲的事實是，如果其中一方選擇以仁慈、誠實和熱情對待另一方，有些完整的婚姻可能會結束。好些婚姻都只是由於方便或遵從或持續和相互的反感而得以維持。受成長的挑戰時，很多這些不正當的聯合都在最輕微的額外壓力下崩潰。那關係好像一張織成的細麻布椅子，經過長時間風吹雨打後變得一碰就破。它是完整的，但一加上重量後，它便下陷，甚至最終會斷裂。對於在這樣漠不關心的婚姻的噪音中成長的孩子，後果是婚姻沒有可以有親密、喜樂和樂趣的盼望。婚姻被視為沉悶、單調的關係，比不上毒品、性和搖滾樂。

漠不關心是被動一侵略性憎恨的一種形式。很多人都認識這種呼喊：「愛我或憎恨我！就是不要不理會我！」我與很多非洲裔美國人談過，他們寧願面對偏狹的人清楚的輕蔑，也不願意面對當他們透明，對他們視而不見的眼光。漠不關心表示你不值得我憤怒或傷害，更不要說我更深的欲望了。它說：「你甚至不存在，更不要說有甚麼重要性了。」

婚姻的漠不關心以多種形式出現。有些夫婦過著疏遠的生活，沒有身體和言語的接觸。只要家庭職責有好的安排，這個家可以平順地運作，沒有甚麼明顯的不快樂。這些家庭的孩子在好像消毒的實驗室那樣的環境中成長，那裏重視普魯士式的效率和秩序，而不是親密的連繫。結果他們在生命中渴望親密，逃避機械的漠不關心。

另一種形式的漠不關心是角色劃分。男人看足球；女人煮食。男人談論政治；女人談論食譜、時裝和嬰孩。男人堅強；女人溫柔。就是這樣。在很多家庭，角色區分是十分嚴格的，以致丈夫和妻子在對方的邊界外生活，只有很少重疊的地方。視異性為較低層次的輕蔑，往往將距離增大。結果是孩子在生命中害怕越界，並憎恨被困於一種存在模式中。

或許最常見的漠不關心形式，可以在滿足於和平共處，在家庭中建立正面的性情的夫婦身上看到。我稱這為迪士尼婚姻。街上沒有垃圾，看不見混亂。人們期望每個人都快樂和享受樂趣。而由於不快樂的代價太大，成長和接受生命那些通常有的掙扎都安全地被推到視線以外。

這對夫婦可以是快樂和有趣的。一種放鬆、友善的氣氛往往充滿這樣的家庭。如果你開始覺得這幅圖畫相當好，想一想，在避免深度方面，這婚姻的漠不關心明顯可見。他們拒絕讓生命的不快樂迫使任何人去要求、尋找或叩門。生命的供應十分充裕，因此為甚麼要問艱難的問題，要進行有意義的對話，或者忍受不確定和疑惑的張力？這個家庭知道黑和白的分別，避免灰色。對張力、迷惘和哀傷的漠不關心，令他們只能在表面上滑行。任何朝深度走的談話，都會要求雙方面對黑暗和不快樂的現實，而他們就是不願意去到那裏。

結果是在家庭中沒有人真正聆聽或願意提問。沒有理由提出具深刻關注的問題，因為任何快樂的閒談以外的事情都好像放屁——不禮貌和不恰當的表達。結果是在孩子的生命中，要不是不健康地逃避破壞現狀，就是有可怕和黑暗的欲望，要蔑視社會規範。

所有這三種婚姻的漠不關心都令孩子內心渴求行動、深度和意義。孩子需要見證親密和關係的真實。敬虔的父母蒙召結束漠不關心這虛假的休戰，向潛在的衝突、輕視和屠殺打開大門。忍受漠不關心的婚姻，在孩子裏面會培養出對親密的輕蔑和對沉悶的恐懼，這並不公義。父母必定不能剝削孩子受苦和冒險的果實。避免冒險的代價是對孩子要求真實生命的呼喊充耳不聞。

虐待和暴力的種子

「虐待的婚姻」這句話不是矛盾的形容方法。它殘酷地違反了上帝將兩個人聯合起來的仁慈意願。虐待是對人格的謀殺。它是上帝所憎惡的，聖經將假教師形容為凶殘的狼起來吞吃羊羣，虐待的婚姻帶來的就是這種破壞。[2]丈夫蒙召成為家庭的頭，而不是在憤怒和情感的傷害中吞吃自己的妻子和孩子，如果他在身體上侮辱他們，如果他透過性侵犯污染他們的清白，上帝的義怒便有憤怒的元素。這樣的丈夫和父親，不單冒犯了孩子的身體，也冒犯了孩子對上帝的信任，這通常會令孩子長大後憤怒、有自毀的習慣和暴力。[3]

最原始和明顯的暴力形式的虐待——強姦和其他形式的身體傷害——在社會中受到譴責。較輕微的虐待形式，例如觸摸別人的生殖器官和只引致瘀傷或傷痕的身體虐待，仍然受到譴責，但卻很少受到檢控。同樣，疏忽和間中的身體傷害被視為違規，但不值得介入或承擔法律後果。因此，很多虐待孩子的人都從沒有受過法律制裁。最常見的虐待形式隱藏在羞恥的掩飾下，孩子受到嚴重、持續的傷害，求助無門。

我服事的一位女士嫁了一個人格卑下和暴力的男人。他要妻子到外面找工作，提供經濟支持。他也要求她做家務，卻將自己的時間花在投資研究上，理論上會增加家庭的收入，但實際上卻輸掉妻子賺的錢。妻子要求他去找一份全職工作時，他拒絕，並指摘她不近人情和不順從。她害怕他的虐待，變得羞恥、怨恨和受傷。

這樣持續了很多年，直到她清醒過來，拒絕繼續工作。她丈夫開始用言語壓迫她，要她繼續工作。那虐待擴展到其中一些兒女身上。與母親連成一陣線的孩子，在身體和情感上都受到父親傷害；支持父親的孩子則得到獎賞，有自由做自己想做的事情。

那女士最終去找牧師，要求他禱告和介入。牧師拒絕踏進那一團糟中，因為那個男人以暴躁和製造分歧而聞名。後來牧師在良心驅使下承認，如果他開展問責過程或任何教會紀律，他害怕那個男人會控告他或教會。牧師和教會領袖純粹根據代價和利益的考慮，不相信他們有資源和教會的支持，去揭發、處分和訓練一個厭惡女人的丈夫。相反，與向上帝較為開放的人對質是比較容易的，他們要求那個被虐待的女人相信上帝會改變她丈夫的心，只要她做他想她做的事情。

上帝憎恨離婚，祂反對有權力的人吞吃羊羣，拒絕阻止在關係中濫用權力引致的屠殺。[4]這些羊忍受殘忍的男女施行大量傷害。然後我們容許這些殘忍的人逃避我們的審查，逃避後果，因為採取行動需要付出很多力量進行評估、估計和介入，似乎並不值得。

但可幸事實並非總是這樣。有信仰羣體以恩典和力量，來到憤怒的男人旁邊。在我認識的一間教會，一個虐待家人的男人被要求加入憤怒控制小組。他獲邀請去見一個很好的治療師，如果他的憤怒變得對家庭有害時，他的太太有地方可以逃避。教會出色和仁慈地介入說：「是的，你是蒙愛的。但不，你不能夠為所欲為。」

可惜的是，將注意力放在性方面的不道德，對它發怒，比揭露最終由受害的妻子報告的情感、身體和性的虐待更容易。在告訴孩子向婚前性行為說不方面，我們沒有困難，但卻太渴望可以不用直接向虐待妻子的丈夫說不。

這裏沒有任何灰色地帶。虐待是任何在情感、身體或性層面造成嚴重傷害的情況。這是毫不含糊的實相。另一方面，我有幸服事十分有問題的家庭，他們在深刻和重大的揭露和改變前敞開。雖然數目很少，但假設所有暴力家庭和人都是沒有能力改變，卻是錯誤的。教會必須號召男人，偶然也包括女人，為製造暴力的黑暗世界負責，然後幫助他們說出並接受，製造溫柔和強而有力的家這榮幸。事實是有一些改變必須驅使我們邀請**所有**虐待別人的人改變。

畢竟，虐待的家庭對孩子的心靈有甚麼影響呢？最簡單的答案是虐待為下一代播下暴力的種子。暴力製造一種施暴者—受害人關係，**總會**令受害人變成施暴者（以某種形式），在將來為更多孩子重新製造那動力。愛是對自從該隱和亞伯便開始的混亂這個循環惟一的解毒劑。

研究過以呼喝使孩子的聲音沉寂的家庭後，讓我們現在轉而討論那些聆聽孩子，邀請他們進入上帝臂彎的家庭。

敬虔婚姻的音樂

每當父母不能成長時，我們也不讓自己的孩子有機會成長。我們不能夠在生命、關係和愛中，將孩子帶到比我們選擇在自己和在婚姻中取得的進展更遠的地方。但如果婚姻要有聖潔的標記，能夠邀請孩子成為他們應該成為的人，它必須忍受三個核心問題。這些問題涉及罪和救贖、自由和責任、親密和獨立的複雜性。這些不能夠解開的謎並不服從直線、黑白分別、容易答案的心態。它們要求我們願意活在張力中。他們要求我們好好掙扎，深刻地降服於一個人，而不是一些很快便解決問題的公式。

罪和救贖

罪和救贖之間的張力是：在我被基督的光的榮耀包圍和穿透時，說出我靈魂中那持續、令人束手無策的黑暗。那不是非此／即彼，而是同時／以及的姿態。我同時是光和黑暗；有生命和死去；有罪和蒙救贖。這個姿態容許我更深刻地面對自己的存有裏面有待救贖的部分，而又不否認已經向我啟示和在我裏面成就的榮耀。

敬虔的婚姻承認沒有人比自己的配偶更得到愛和憎恨。那憎恨並不除去愛，我配偶的愛也不完全除去我對更完整和改變生命的救贖的需要。敬虔的婚姻變成證明上帝在工作的主要場所。如果婚姻僅僅存活或者變成情感的疏離和加劇的暴力，便沒有好的泥土讓救贖的果子在孩子中生長。

父母必須有能力向孩子承認每一個孩子都憑直覺知道的事情——家庭在愛的方面上有失敗之時。以為我們的孩子看不見我們努力隱瞞的事情，這是愚蠢的。毋須很多接觸，我們的孩子便知道和能夠說出我傾向愚蠢地發怒。

我第二個女兒阿曼達六歲時，在我們在遊樂場排隊時對我說：「爸爸，我知道我們要等很長的時間，比你能忍耐的更久。你能夠答應我你不會向任何人——特別是我——高聲呼喊嗎？」在她那完全甜美、純真和聰明的察覺面前，我感到軟弱。她的話——以及自從那時以後的很多話——令我害怕和邀請我更快地（但仍然不如我想那麼頻密和快）面對我的失敗。

如果我們父母不能首先向配偶承認自己在愛方面的失敗，我們不大可能在更大的家庭裏說出這失敗。事實上，我們怎樣向我們最親密的伴侶認罪，會為我們怎樣向其他人說出罪定下標準。我們也必須有能力向我們的孩子承認，在破碎中真的有愛的盼望。承認失敗是一回事。（有些人那麼頻密和可悲地要求這樣做，以致幾乎比不承認失敗更糟。）但真誠地承認失敗則是渴求救贖。

救贖不單是改變，也不單是知道自己蒙赦免。有些人改變只是為了變得驕傲和要求別人這樣做。其他人知道自己蒙赦免，利用這作為藉口繼續一再施予同樣的傷害，期望不會有任何個人的後果。真正的救贖涉及被我們的失敗之巨大使我們啞口無言，並被上帝免去我們的債那更巨大的心令我們更啞口無言。救贖帶來某層次的感激，釋放內心渴望自己和別人得到赦免的甜美香膏。它釋放內心將我們白白得到的也給予別人。

救贖是泥土，讓我們的孩子可以看到我們的失敗，然後面對自己的失敗。救贖也推動整個家庭去到仁慈和誠實的層次，不怕與我們靈魂的核心問題搏鬥。

自由和責任

生命不斷充滿選擇的謎。例如：我們幾乎有自由選擇任何事物，但卻不能夠逃避伴隨選擇而來的責任，就是我們所作的每一個選擇都有一個確定的後果。

在婚姻中，可以選擇誰剪草和誰燒飯。大部分時間那選擇都連繫到我們對性別角色的假設。大部分家庭將剪草交給男人，煮晚餐則交給女人。對很多家庭來説，這個安排很配合丈夫和妻子的基本興趣，但卻不是必須或由性別決定的性向的要求。

誰做甚麼是一個選擇，假設這個選擇沒有相關的後果是短視的。如果分工是歸因於預先決定的性別角色，孩子便會假設所有男人都剪草，所有女人都喜歡煮食。雖然這個問題相對來説比較次要，但它帶來一大套假設，是與上帝想透過祂給性別的徹底不同啟示的東西沒有甚麼關係的。

丈夫和妻子怎樣界定和協商選擇——從誰在家裏做甚麼，到家人在哪裏度假和怎樣分配有限的金錢和時間——是容許孩子與選擇的榮耀和可怕搏鬥的原飼料。如果孩子看不到自己的父母有這張力，他們不會預備好作出選擇，在長大時會因為自由的壓力而感到沮喪。

我們太多人不經思考或沒有意圖地盲目採納文化的規範。無論那文化是地方教會或更大的媒體文化，我們都經常根據別人最接受甚麼來界定甚麼是良好和正確的。我們的孩子反對這種遵從時，是挑戰與聖經的核心問題沒有多大關係的規範。例如：如果我們混淆了由文化界定的角色和聖經的要求，我們孩子與規範不同的選擇便會被視為反叛。我們會錯誤地嘗試引導他們配合文化，而不是遵守聖經的要求。我們接受教會的要求，而不是尋求上帝對婚姻的標準時，實際上為我們孩子將來的關係播下分歧的種子。

罪和拯救的現實迫使我們面對，關於我們的內在世界和我們可見以外的世界，甚麼才是真實的。自由和責任驅使我們與幾乎是無限的選擇和隨著我們作出的選擇而來的必然後果搏鬥。同時，親密和獨立要我們留意我們怎樣將欲望的內在世界和關係及成就的外在世界連繫起來。

親密和獨立

我們不能夠逃避源自親密和獨立之間的張力。親密是找到與別人的連繫的喜悅。在親密中，我們找到休息和穩定。

但我們受造，不只要休息，並同時享受與別人的親密。我們也受造去經驗、冒險和探索那不可知。我們不單受造要與別人親密，也同樣受造要獨立。獨立號召我們活出我們生命的呼召，不管我們向別人的委身，同時也依據我們向別人的委身。那是往往在這選擇中感受到的張力：「我應該做**我**想做的事，還是做令**你**快樂的事？」在帶到更高層次時，問題是這樣提出的：「我應該做我感到自己蒙召，也渴望做的事，還是做會令我所愛的人在最大程度上認同的事？」

每次選擇親密都犧牲一些獨立，每次選擇獨立都令我們失去一些親密。如果我今天留在家裏寫完這一章，我便失去與家人遠足的機會。如果我與家人遠足，享受在山上的歡樂和驚訝，我便在寫作任務中落後，而這任務完全倚賴我身為個人的運作。（我去了遠足。）

親密和個人化之間的張力要求我們每個人誠實地說出我們在任何一刻希望有多少親密和獨立，然後作出選擇。除非父母處理這個問題，否則這個討論在孩子方面不會出現。在重大的問題上，我們是否有自由持不同意見，而又不致失去連繫的喜樂？我們是否有自由令彼此失望而又不用害怕喪失關係？在談話中，我們能否**都**是正確（或錯誤），而不致要求一個人的觀點掩蓋另一個人的觀點？如果不能的話，獨立總會付出喪失關係這高昂代價。

例如：如果我不能夠忍受容許我太太追求她生命的熱切想有的夢想，那又怎樣呢？如果她感到上帝呼召她更投入照顧長者，而這表示花更多時間在這方面，那又怎樣呢？同時，我想她有更有彈性的日程表，讓我們可以有更多假期，減低我工作的壓力。她的熱誠與我的渴望競爭。誰的渴望更優先？那決定會怎樣作出？一個配偶能夠在成為自己的呼召（獨立）中成長，而又與在關係中（親密）相容的嗎？

這些問題的答案，很大程度上視乎我們怎樣活出罪和救贖的問題。如果假設我和我的配偶都沒有真的犯罪或真的需要救贖，那又怎樣呢？或許我們隨便地點頭，承認罪作為失敗，視救贖為只是一次過、實現了的事實。從現在開始，只要我們在做正確的事情方面相當不錯，便沒有太多事情需要談了。

如果我們的看法是這樣，罪和救贖的問題便沒有以實際和一貫的方式得到處理。我們也沒有去到在每個家庭成員生命中發生的事情的核心。難怪在這樣的家庭，在養育孩子時關心規則和遵從多於孩子的心。更準確地説，以這種心態養育孩子，是要令孩子在學校、鄰舍、教會和運動場有好表現，而不是令他們追求上帝和祂的目的。

這樣的家庭只落入由宗教和文化權威定下的角色。如果選擇和責任很大程度上交由別人告訴我們，我們便不大可能開放自己聆聽我們的孩子，如果他們宣稱感受到的事情與我們假設他們「應該」感受的事情不同。父母聆聽孩子的能力倚靠他們願意聆聽甚麼。如果由於「權威」説養育子女只是關乎依從某些規則，我便不聽親密和獨立的複雜問題，那麼我也不會聽到我的孩子呼喚我參與他們裏面的迷惘。

為了幫助你明白，讓我提供一個說明。我女兒阿曼達讀小學四年級時，有一個朋友說她不能來我們家裏玩耍，因為她要參加另一個朋友的生日會。這個孩子知道阿曼達沒有獲邀出席那個生日會。我女兒感到十分不開心。我太太關心和安慰她。過了一段時間，我感到她的傷心變成想要解脫，是我們不可能滿足她的。

我更傾向於捱過去這種立場。我那罪性的傾向是：逃避眼淚和要求行動。我知道單因為我的偏見而忽略女兒的眼淚是不對的。另一方面，人生是不公平的，我們有自由選擇怎樣對待損失。我們可以傷心地哭泣，也可以對人生的不公平做一點事。

阿曼達想得到安慰，但她的眼淚隱藏著報復的深刻痕迹。我需要聆聽她，然後回應她最深的問題、指控和渴望。但我不想花那些時間。我受到很大的誘惑，只給她幾句安慰話，忽略她的痛苦和大量的憤怒。為甚麼我退縮——懶惰？害怕她的反應？不肯定應該怎樣做？要求生命比它實際上容易？答案包括每一樣，如果我想愛我女兒，我需要做更多。

在那一刻，我在作一個關於親密和獨立的決定。如果我接觸阿曼達，我會偏離我的計劃，令我可能陷入令我太太和／或女兒疏遠我的大災難中。我有一個選擇：依從我之前的計劃，或者自由地回應我女兒在那刻的需要。我選擇順從親密，失去獨立。

我坐在阿曼達旁邊，用比她的眼淚更大的聲音說：「我對莎拉感到很憤怒，我會去她的生日會，推倒她的蛋糕。」

阿曼達看著我，但雙手和身體仍然緊靠著母親。我說：「不，我不會。我會去拿走她的蛋糕和所有禮物。」這時阿曼達笑了。我只需要知道我們在一些事情之上。我問她：「你想和我一起去嗎？我們可以戴上面具，令他們不知道我們是誰。我們會闖進生日會，推倒那些飲品，偷走蛋糕和禮物。這樣便可以教訓她不要招惹阿曼達·艾倫德了！」

阿曼達以百分之二十的認真看著我說：「真的嗎？」我笑著問她是否真的想我那樣做。她說：「不是真的，但有一點兒想。」現在談話繼續。她不再哭，也沒有笑。她很好奇。我告訴她的話很簡短和簡單：「阿曼達，我受傷害時，常常希望有人有損失。可是，令別人有損失，不單增加他們的痛苦，也總會令我們更可悲。我很高興你承認自己受到傷害和感到憤怒，我更高興的是，你願意看到你真正想要的不是報復。所以，孩子，不要哭了，幫我清潔車房吧。」

我不知道那談話對她有甚麼影響。我不知道她是否記得那談話。但我知道我太太被我逗得笑起來，阿曼達變得快樂點，那天下午我們有事可做，生命的哀傷沒有使我們沉默，也沒有打敗我們。

每段婚姻都是與內心最深的事情搏鬥的試驗場。如果一個配偶拒絕聆聽婚姻關係中的永恆事情，他或她不大可能能夠在作父母時這樣做。我們搏鬥的程度，以及我們在面對生命在我們婚姻中的誠實程度，會決定我們引導我們的孩子誠實地追求上帝和祂的目的的能力。那就是敬虔婚姻的音樂和力量。

註 釋

1. 參箴十三12。
2. 參耶穌在太七15關於假先知的警告，以及保羅在徒二十28~30關於假教師的警告。
3. 參耶穌在太十八6關於令孩子失去信心的警告。
4. 參瑪二15~16和徒二十28~30。

第七章

活在奧祕的核心中

我們怎樣給我們的孩子一嘗上帝的性情

由於我們周圍有那麼多噪音，我們能夠聽到我們孩子的聲音，實在是奇蹟。但他們總是向我們說話，我們總能夠聆聽他們。說有太多噪音，或者只是說出刺耳的聲音的不同來源，並不足夠。世界有無盡噪音，雖然它對抗我們，不讓我們成為成功的父母，但這個任務絕對不是沒有希望的。

在我為人父母的早年，我有機會和偉大的神學家亨德里克森（William Hendrickson）交往。我和好些其他年青牧者在午餐時遇見亨德里克森博士時，他已經八十多歲。他是敬虔的人，寫了九本新約註釋。他邊喝冰紅茶和邊吃吞拿魚三文治，一邊嚇了我們所有人一跳。他承認說：「我想我剛開始掌握福音。」

他怎能夠在寫了所有那些註釋書後，現在卻說自己剛開始掌握福音？我只事奉了一年，但我肯定不是剛開始能夠掌握上帝的好消息。要不是亨德里克森博士失落了福音，就是我傲慢和自大。但他的話——以及他其後說的一句話——在我裏面給我的印象，比我的自大更深刻。

周圍的年青牧者開始談及對父親那些巨大的要求。亨德里克森博士笑著說：「記住：養育兒女不是困難；而是不可能。」他的笑同時傳達痛苦和盼望。他回答了幾個其他問題，在我們與他一起的時間結束前，再次回到養育兒女這個主題。他看著我們這些年青人說：「你做的任何事，都不會比身為父親更重要，也不會比身為父親失敗得更慘。養育兒女是不可能的，因此你需要上帝多於〔需要成為〕好的父母。」

當時我不能夠預測這些話在我裏面扎根多深。我不能夠明白我並不掌握福音，更不要說上帝關於生命的眾多真理。但我開始明白亨德里克森博士第二句話的真理：身為父親，我不如我希望那樣好，我也知道養育兒女不是一個人可以完全掌握的事情。它是生命中要求最高、最含糊、最消耗生命的呼召。而它是絕對和完全不可能的。它是不可能，部分是因為我們有限、是會犯錯的受造物，卻蒙召向我們孩子顯示上帝那無限、純潔的性情。我們不能夠測透上帝賜給我們的一切，因此我們怎能夠期望將同樣的東西賜給我們的孩子？而這正是我們蒙召去做的事情。事實上，我們的任務是讓我們的孩子一嘗上帝的性情。

上帝性情的恩賜

養育兒女不單是餵飽孩子或提供讀大學的昂貴開支。它不單是用足球養育孩子，或者間歇地忍受鋼琴演奏的羞辱。父母可以做或不做所有這些事情，而成為很好或很糟的父母。養育兒女的真正目標是介紹孩子認識上帝——我不是指單單引導孩子作出認罪的禱告。父母的呼召是每天將上帝的性情反映到孩子的生命中。當然，那困局是上帝是很難找到的，即使對我們這些認識了祂數十年的人來説。

使徒保羅提供我們需要的答案。我們那不可見的上帝選擇在自己的創造中，透過好像星星、鼻涕蟲、歌曲和父母等東西讓自己變得可見。[1]上帝渴望使用所有受造物和存有來顯明祂的性情，無論它們多麼卑微。不過，祂獨特地取了人的樣式來顯明自己。而身為人，祂有兩種獨特而且明顯互相矛盾的品質：祂是親切和充滿憐憫的，祂也是有力和充滿憤怒的。除了養育兒女這個不可能的任務外，我們也蒙召以同樣的憐憫和能力反映上帝。

詩人提供聖經其中一個最短的神學陳述。他寫道：「就是能力都屬乎上帝。主啊，慈愛也是屬乎你。」[2]上帝要我們為自己所犯的錯負責（能力），但祂也提供抵償我們不服從的債所需要的一切（愛和憐憫）。祂要求我們服從祂的律法（能力），然後派祂完美的祭牲，上帝無瑕疵的羔羊——祂的兒子——來為我們的叛逆付上刑罰（憐憫）。上帝的能力為生命提供秩序和組織——定下水和土地，黑夜和白天之間的界線——而祂的憐憫邀請我們在祂的創造中玩耍和創造。在能力和溫柔中，上帝帶領我們與祂更深地聯合，正如第一對夫婦所知道那樣，在白天的涼風中安全和自由地行走。問題是我們活在離伊甸園很遠的地方。

在伊甸園外面，上帝的能力和憐憫似乎有衝突。祂公義、聖潔的力量不會來到不純潔當中；但祂溫柔的心不能夠不跑到不潔的罪人那裏。上帝與自己的創造有衝突，祂在自己的能力和憐憫的衝動中也有衝突。

上帝說：

> 「以法蓮是我的愛子嗎？是可喜悅的孩子嗎？我每逢責備他，仍深顧念他，所以我的心腸戀慕他；我必要憐憫他。」[3]

我們不可能閱讀上帝這個呼喊，而聽不到能力和溫柔的力量在複雜和充滿張力的舞蹈之中。祂是憤怒的，祂管教祂的兒子。祂不能夠不理會祂的兒子，也不能夠忘記他，祂渴望挽回祂反叛的孩子，與祂和好。

關於這個衝突以及究竟應該否認、忽略還是接受它，有一個持續的神學辯論。一派的思想主張，上帝是一，因此祂不能分開。祂是平靜、完全和平、沒有感到內在衝突的。亞里士多德視神為「不動的推動者」。同樣，由阿奎那（Thomas Aquinas）到加爾文（John Calvin），很多神學家都假設上帝沒有可跟人類感情相比的感情一面，聖經裏所有關於上帝的能力和祂的憐憫之間的衝突的話，都純粹是擬人法

——只想用簡化的語言傳達不能夠完全傳達的終極真理。

這是一個在上帝不需要人們為祂辯護時為祂辯護的例子。太多時候，神學是嘗試為那位錯誤地啟示自己為十分「人性」——有時遠比那些努力除去祂那頗為古怪、特別的性格的神學家更有人性——的上帝解窘。

關於上帝與祂有罪的兒女的關係，上帝與自己搏鬥。因此，上帝掙扎著養育祂反叛的孩子。雖然我們因為自己的孩子行為不當和固執而感到失望，但我們永遠都不能夠假設，我們自己的掙扎與上帝對我們感到的內在衝突是相同的。要明白這神聖衝突的全然奇妙和奧祕，就是成為父母而不單有自由掙扎，也有自由失敗——而且是失敗而不致失去盼望。即使我們成了失敗的父母，我們仍要反映上帝的性情。這就是反映上帝的能力和憐憫的一部分。

上帝對我們生命的呼召

上帝呼召我們在地上行走時要將祂反映出來。如果這個呼召似乎絕對荒謬，我們也應該明白它是完全無可避免的。由於我們按上帝的形像受造，我們本身就有上帝的形像。撇除我們犯罪的傾向，我們在存在的每一方面都反映、反射或顯示一些關於上帝的事情。我們受設計要製造新路徑和新嬰孩。我們預設要興建高塔和照顧在護養院垂死的姑姑。我們蒙召有能力——模塑世界的創造性力量。我們蒙召溫柔——一種關係性的創造，創造、培育和指示關係朝向上帝的榮耀。

如果能力和溫柔、創意和關係，組成我們的呼召，那麼有上帝的形像一定反映養育兒女的核心指示。我們被預設去號召我們的孩子征服和統治、充滿大地和生養眾多。[4]

征服和統治

征服的概念猶如在原始森林的一條路上走。它表示藉著命名一個異象、一個過程或一種產品，將我們的標記放在某個東西上，然後冒險創造它。統治是看管創造，藉以保護它，然後令它有新和甚至更高級的榮耀。

我記得那天，我三歲的兒子和我坐在圖書館。他出奇地安靜。我應該知道有些東西出了錯，但我專注於我的書，和平常一樣，我在頁邊寫著筆記。我的兒子坐在我對面，手裏拿著一枝紅色蠟筆。他也在閱讀和寫字。他的表情十分嚴肅，專注於征服那本書，一頁一頁地做記號。我看到他的罪行時，倒抽一口涼氣。他看著我，彷彿我瘋了。他和他父親做著同樣的事情：征服和統治。

很多我們父母稱為惡作劇或放肆的行為，其實都是我們的孩子在界線外填色，看一條路會帶他們到哪裏。孩子是要探索和走下去。他們是要打翻牛奶，走在污物上。他們也要將界限推到他們不能想像的複雜性中，直到他們不明白發生甚麼事。

多年前，我們一家人去滑雪時，通常由我決定我們會到哪個山坡滑行。我的孩子總想走最斜的一個。我很少同意他們的要求，但很快便清楚顯示出，我的小心是因為我渴望避免危險。不過，隨著孩子的進步，我們開始選難度更高的斜坡。他們總想提高要求，去下一個難度更高斜坡。我身為父母的任務是明智地為他們選擇，我相信是在他們能力範圍以內——以及稍為超越那個範圍——的危險和冒險程度。幾年後，我發覺我孩子的滑雪技巧已經超越了我。是時候讓他們自行選擇更斜的山坡，毋須在我直接監督下滑雪了。

如果我們拒絕給我們的孩子超越界限的機會，他們仍然會冒險，但往往是沉默和帶著輕蔑地冒險。他們永遠不會和我們分享、處理和享受這種隱藏的冒險。不會有相互的學習，父母和孩子也不會有機會彼此教導征服和統治的意義。

征服和統治總帶領我們進入危險。不獲准有危險的孩子永遠不會學懂大膽、自由和勇敢。身為父母，我們知道今天的世界要求我們的孩子同時擁有這三種特質。但除了征服和統治外，我們的孩子也需要遍佈大地。

充滿和增多

我們做愛、懷孕和生孩子時，最直接地實行充滿和增多的工作。但這只是開始。做愛、精子和卵子生長和出生的過程，要求面對面、心對心、身體對身體的親密。這樣，充滿和增多的神聖任務遠遠不單是性聯合和生孩子。它是與另一個人進入增加榮耀的關係。

兩個一起吃午飯、知道對方的最新消息、一起受苦和歡樂的朋友，是以生命的香氣充滿大地，並增加上帝的榮耀。另一方面，兩個見面說第三者閒話的朋友，是以有毒的氣體充滿大地，令分歧和頭痛增加。我們不斷實行征服、統治、充滿和增多的任務，雖然並非總是為了上帝的榮耀。

我兒子安德魯九歲時已經很擅長滑雪和滑雪板。他喜歡帶從我們家鄉的科羅拉多州（Colorado）以外來的朋友到滑雪的山坡。他很好地督導他們，選擇適合他們能力的斜坡。經過幾次這樣的歷險後，我們容許他帶任何年齡的朋友到任何山坡。

安德魯有一個表兄弟和滑雪板的同伴，他叫約翰。安德魯十分想給他留下深刻的印象。在他們首次一起在山坡上時，安德魯因為在新雪中開闢一條路的樂趣而自豪。他選擇了一個遠超過兩人能力的斜坡。他們能夠活著滑到下面，但路程中卻不是沒有不該有的驚險。那肯定是征服和統治的經驗——但還遠不單是這樣。

安德魯嘗試在沒有人走過的地方滑雪板時，他是嘗試給表兄弟留下深刻的印象。這樣嘗試贏得別人的尊重，屬於充滿的範圍。與一個同伴一起征服一個新世界（征服）是一種充滿和增多的關係，因為這樣，那經驗以很可能延續到終生的故事，將兩個男孩連結起來。那是不明智的決定，但幾乎所有征服和充滿，都要求事後可能顯得愚蠢的冒險。上帝呼召我們進入不知的領域時，是呼召我們探索和冒險。

上帝呼召我們時，祂的能力要求我們服從祂。這是祂確保我們的福祉的一個方法，也是祂將秩序帶給我們的世界的一種主要方法。但從我們的觀點看，那個過程好像不是服從。父母很自然地尋求孩子的安全，對很多父母來說，這表示避免冒險。但我們的孩子選難度較大的滑雪坡，藉以令表兄弟留下深刻的印象時，他們是朝順服走。我兒子的選擇是不明智的，但他冒大險，渴望得到表兄弟的尊重時，是跟隨上帝的呼召。如果他拒絕渴望尊重或冒險，他便會是不順從上帝預設他的路。要記得我們獲委派傳遞上帝的形像，是要征服和充滿大地。

分開但在一起

正如上帝的性情是在能力和憐憫的兩極中表達出來，祂也呼召我們接受另一套相反的力量：個別化和親密。我們尋求區分我們個別的自我為獨特和與任何其他人不同（個別化）時，是服從上帝。我們為了別人的好處，將自己獻給他們時（親密），也是服從祂。個別化要求我們經歷每一刻為選擇成為上帝要我們成為的人。親密要求我們選擇放棄我們的個別性，藉以和別人一起，成為比我們個別的存有更大的人。

如果你參與集體運動，你知道這個過程是必須的。你可能天生瘦小而快速，又或粗壯。如果你瘦小而快速，你很可能成為外接手；如果你粗壯，便很可能成為線上球員。無論怎樣，你必須學習和忍受成為獨特的個人，盡力做到最好。你必須個別化，在自己的位置中有好表現。不過，無論你多出色，你都必須使你的個別性從屬於球隊。如果你是偉大的中鋒，但球隊需要防守的線上球員，你必須從你已經成為的人，變為對羣體有好處的人。

同樣，出色的音樂家可能喜歡拉大提琴，但她獨特的恩賜令她能夠拉首席小提琴。甚麼是最明智和最好的決定？選擇獨特和成為自己，還是選擇放棄自己的首選，藉以服事比自己更大的人或事物？服從上帝永遠不容許我們逃避祂要求我們獨特地成為自己，同時又親密地與別人交往，以及之間的張力。可惜很多人選擇其中一方面佔強勢或只服從上帝的其中一種性情特質，而不是兩者兼具。這一個有瑕疵的選擇，令我們躲藏和怪責別人。

為免你沒有留意，服從上帝帶給我們的麻煩比我們想有的更多。這也肯定令我們的孩子有麻煩。畢竟，服從遠遠不單是跟從清楚的規則。聖經只有很少直接、毫不含糊的命令（我們立即想到其中十條）。相反，在耶穌的教導中，我們蒙召從心裏彼此相愛，受上帝的靈而不是肉體引導。這些命令確立了我們追求順服時的界限。但它們很少具體告訴我們怎樣做。我星期六早上應該外出吃早餐、看報紙，將那星期的步伐放慢，呷一口寧靜嗎？還是我應該比家人早起牀，在其他事情干擾我前清潔車房、剪草、替小狗洗澡？這是兩個十分不同的選擇，任何選擇都可以涉及順服或反叛。那分別可以在責備和躲藏的背景下來理解。反叛上帝通常是：藉著躲藏而拒絕個別化；藉著責備別人而拒絕親密。

躲藏

責備和躲藏的動力在創世的記述中表明出來。亞當和夏娃選擇逃避上帝，於是他們躲在樹後。他們赤身露體，拒絕站在上帝面前承認自己叛逆。相反，他們聽從羞恥的呼喊，逃避上帝的同在。[5]躲藏是拒絕承認自己是誰，自己在哪裏，以及做了甚麼。那是逃避問責和責任的後果，即個別化的產物。

要個別化，我們必須指出甚麼是真實的，然後接受源自我們的行動的禮物或後果。例如：我大女兒申請的八間大學都取錄了她，其中七間給她財政資助。但沒有任何一間的資助足以支付我們能夠負擔以外的所有餘額。無論怎樣，安妮都要借錢，或者在暑期工以外，在學年期間也找一份兼職。

安妮需要作決定，但她拖延和猶疑。我問她：「你是不知道自己究竟想去哪一間大學，還是不想在學年期間工作，或者負借錢的財政責任？」我的問題幫助她更接近真正的問題，但她仍然嘗試延遲作決定。她在躲藏。

避免知道我們想要甚麼，或者我們需要去哪裏，比作出選擇遠為容易。需要作出決定生命的決定時，想將頭埋在泥沙裏是很自然的事。我是否與這個人結婚？我是否上研究院？我跟隨我的熱誠，成為藝術家；還是在商界選擇「切合實際」的職業？

誰知道？但我準確知道自己在甚麼時候躲避一個計劃、一個電話、衝突的一刻或者一個決定。每次我躲避上帝要我征服和統治的呼召，我都會比我採取行動，作出錯誤的決定時遠為不順服。我們的孩子也分有人類躲藏的傾向，因此每個父母的任務都是令他們難以（或者幾乎不可能）用躲藏來叛逆上帝。我們蒙召一再問他們：「兒子，你在哪裏？女兒，你在哪裏？」我們必須號召我們的孩子作選擇，即使我們知道他們的選擇可能是很差的。奇怪的是，我們愈號召我們的孩子作選擇而不是躲藏，我們便愈必須選擇，能夠讓我們躲藏的葉子也愈少。

在我們活動，甚至在我們犯錯和愚蠢地選擇；而不是在我們被動地坐下來，等待正確答案自行出現時上帝在自己全然的狂野中，向我們啟示祂自己。我們愈順從征服和充滿的命令，向祂睜開眼，打開心；祂便愈會引導我們，為我們顯明祂極大的熱誠。但躲藏只是反叛涉及的其中一個問題。另一個問題是我們太容易責備別人。

責備

亞當和夏娃一旦被揭發後，選擇將憤怒發洩在上帝和對方身上。亞當怪責上帝創造夏娃，然後怪責她給他那果子。夏娃將矛頭指向蛇。[6]兩個人都發覺攻擊別人比向上帝呼求憐憫容易。我們被傷害或者傷害了別人時，幾乎不可能要求幫助或照顧。相反，責備另一個人令我們能夠切斷被揭露的羞恥，然後毀掉那個揭露我們的人。

責備別人給那些感到赤身和軟弱的人一種虛假的權力感。那個人藉著否認渴望復和及親密而接受獨立。責備別人也消除任何想得到憐憫和溫柔的渴望。想一想你覺得受到傷害時，是否往往更容易變得冷漠和憤怒？受到傷害然後渴望感受別人溫柔的照顧，就好像有雙重傷口一樣。我們寧願轉向憤怒，更快地將傷害平息下來。至少似乎是這樣。但我們沒有平息痛苦，而只是增強了張力和憎恨，雙方都在加劇躲藏和責備的模式。

責備總是拒絕變成有需要和倚靠別人，他們可能合理地以我們的失敗對抗我們。責備是對抗親密的誘惑。有時，責備不是指向另一個人，而是指向我們自己。亞當和夏娃對抗上帝和對方，但最終他們的哀傷是針對自己。責備自己其實只是人性的表現。

責備自己也是試圖逃避對親密的需要。如果我攻擊自己愚蠢、醜陋或不可愛，我便令自己脫離將自己投資在別人身上的渴望和需要。自責令「我渴望愛」，以及「渴望愛別人」這更大的渴望，均變得不合情理。結果通常是失去個別性和親密。要親密，我們必須在另一個人面前開放和謙卑，容許那人為我們「命名」。被一個孩子命名，就是謙卑得足以聆聽他的指控和他的渴望。我們會蒙召為了別人的福祉而改變、犧牲一些獨立性。那就是親密，它源自我們對關係的渴求。只有藉著活在個別性和親密之間的張力，而不是躲藏和責備，我們才能夠發現成為上帝呼召我們成為的父母是甚麼意思。

事實上，在這個過程中，我們開始將上帝的性情反映到我們孩子的生命中。我們選擇活在上帝的自由的恩典中時，是邀請我們的孩子變得自由。我們表達我們需要赦免時，是揭示我們那位赦免的上帝的心。我們謙卑和熱誠地歡慶赦免的奇妙時，為孩子描繪重新被迎接到上帝的臂彎中是甚麼意思。我們每天在上帝的性情中與孩子交往時，是活著的主日學課堂。

上帝的救贖

嘗試反映上帝的性情是一個雙贏的建議。沒有人可以一貫地做得好，但我們失敗時也得到祝福，因為在我們的失敗中，我們發現並最徹底地被上帝的性情擁抱。如果我們真的這樣相信，我們更不可能去躲藏。

躲藏增強恐懼。我們逃跑和躲藏，因為我們害怕，我們躲在樹後，希望不會被找到時，我們的心因為害怕被發現而狂跳。上帝的腳步走近的聲音告訴我們，祂就在附近，我們的詭計即將被揭穿。宇宙那位無所不能的上帝一定會找到我們。

被揭發就是被看見為赤裸和無能。無能令我們察覺到我們缺乏力量，不能好像我們希望那樣征服世界。但我們需要知道我們是無能的，因為除非我們被打破和粉碎，否則我們沒有人會學懂真正強壯和大膽是甚麼意思。每當我們脫離對無能的深刻體會而運用力量時，它便有操控性和使人羞恥。如果不察覺我們深刻的無能，我們便充滿自滿和自大。但由失敗錘煉的能力，則會是慷慨和溫柔、滋養和仁慈的。

耶穌選擇經驗無能，藉以釋放我們活出上帝的性情。使徒保羅寫道：「基督既為我們受了咒詛，就贖出我們脫離律法的咒詛。」[7]

耶穌忍受對祂無能的嘲笑。祂頭上掛著一個指出祂是誰的牌，大意是：「不能拯救自己的猶太人的王」。祂呼喊：「我的上帝！我的上帝！為甚麼離棄我？」[8]時忍受絕對的空虛和孤單。祂願意承受失敗和孤單的咒詛，保證了祂的應許，我們永遠都不用害怕我們會像祂那樣，在上帝殘忍和無情的眼光中被揭露和孤單一人。耶穌面對上帝完全的憤怒，讓上帝的力量永遠都不會對抗我們。耶穌面對祂的父全然的遺棄，讓我們永遠都不會孤單和被遺棄。

在我不能活出上帝的性情時，我與上帝那可怕和可畏的力量和溫柔面對面。在那相遇中，我應邀擁抱祂的愛，藉以將那愛獻給我的孩子。如果我們在失敗中學習上帝的性情，我們的孩子不更會這樣嗎？

如果正確地理解，這樣處理我們的失敗是一個十分重要的模式。孩子犯罪，然後被父母錯誤對待時，學習關於上帝的性情的事情。父母因為孩子犯罪而犯罪時，仍然有盼望，罪上加罪的一團糟，會將所有眼光投向惟一完美地愛我們的那一位。換句話說，父母容許罪揭露罪以及恩典那遠為深刻的現實時，上帝的性情開始提供安全和自由的框架。

這是否表示我應該犯罪，讓我的孩子更明白福音？不用刻意，我們毋須努力嘗試也會犯罪。即使我們盡最大努力避免犯罪，我們也經常犯罪。我們需要做的只是，容許我們的罪和失敗變成好好養育兒女是甚麼意思的討論的一部分——以及打開我們孩子的眼睛，讓他們看見上帝的恩典和憐憫這個過程的一部分。

那困境是簡單的。緊抓上帝性情的一邊或另一邊——要不是祂的能力就是祂的憐憫——是遠為容易的。因此，我們給孩子能力而沒有溫柔，並找到一個以宗教確定為基礎，僵化而安全的世界。或者我們走向另一面，給他們沒有能力的溫柔，活在超級容忍這個鬆散地有滋養作用的世界。兩個極端都扭曲了上帝的性情。祂是同時／以及，而不是非此／即彼。

在上帝中間與我們的孩子相遇

父母只有一個核心任務：顯明上帝。而那弔詭之處是，在失敗的確定中，我們最能夠顯明上帝的性情。要失敗然後顯明上帝——而且好好地做——我們必須活出**同時**是堅強和溫柔的生命。我們必須拒絕向流行和虛假的兩極化效忠。我們必須拒絕對生命採取那種黑白分明，填充的取向。

最常見的黑白分明取向假設：跟隨正確的規則保證會得到想有的結果。如果我們帶孩子參加主日學，定期舉行家庭崇拜，為他們禱告，支持正確的宗教和政治事業，我們的孩子便會變得很好。在全心提升孩子的自尊、音樂技巧、運動才能和舞台亮相機會的家庭，雖然有完全不同的表面結構，也可以找到同樣視野狹窄的心態。保守右派的家庭假設遵從正確的教義和公共價值觀便能夠得勝。自由左派的家庭假設良好的基因、訓練和表現會得勝。兩種家庭都倚賴外在的成功標準，兩者都同樣錯誤。

這兩方面的父母都相信，藉著實踐正確的方法，他們會製造出他們想要的那種孩子。這是對養育兒女一種生硬、根據號碼填色的看法，既不能反映現實生命，也不能反映上帝的性情。聖經養育兒女的模式是充滿奧祕、弔詭、失敗、救贖及復和的——它總是同時／以及，而從來都不是非此／即彼。

在上帝中間與我們的孩子相遇，表示我們願意被上帝性情那狂野、看不透的深度拋擲。在上帝性情的肚腹裏游泳，要求我們知道，我們將雙腳放在祂能力上的那一刻，我們會站在祂的溫柔上——而反過來説也同樣真實。現在考慮如果我們拒絕上帝那同時／以及性情的奧祕，選擇生硬、填充的養育兒女方式，會有甚麼結果。

做得正確更重於成為正確的錯誤

不久以前，在一班商業航班上，我和一位著名的基督教領袖那二十多歲的女兒坐在一起。經過簡短的談話後，我以為自己會失去理智。她很自大，老是談著自己和自己家庭的智慧。我對她的家庭有很高的評價，如果人們根據我的孩子來判斷我——或者根據我來判斷我的孩子——我也是沒有希望的。但我不能不留意到，這個年青女子對自己世界以外的任何事情都不感興趣。她拒絕問我太太任何關於我們家庭的問題。她沒有問我任何關於我們建立的研究院的事情，也沒有問我太太和我怎樣認識或任何可以引發談話的問題。

不過，當我說到很多基督徒在與墮落的文化交往時偏狹得可怕的時候，她卻向我演講，表示必須為甚至是成年的孩子提供清晰的界限，保護他們免受「電影、雜誌和音樂」那些不敬虔的文化傷害。我感到我在聽一個電話推銷員說話。任何令這個女子脫離她那種貨品銷售語調的嘗試，都令她堅定地堅持要我回到「真理」。沒有任何辯論的空間。她知道答案，而且堅持要我接受。

保守右派那非此／即彼的世界觀，假設世上有清楚和毫不含糊的清單，包括我們需要相信和做甚麼，可以確保有我們想得到的結果。但父母那麼容易得到這條得到證實的公式，為甚麼沒有更多孩子變得沒有問題？我有我的理論，其中一個是這樣的：這種非此／即彼的系統，將公義界定為正確的做法，更重於從成為正確的核心出發而行事。

我們將公義界定為正確的做法時，很容易對甚麼是正確的標準有偏見。我們往往混淆了聖經授權的做法，以及北美、中產階級接受那種對生命的取向。換句話說，如果孩子接受大學或商業學校訓練、有賺錢的工作、愛國、向穩定的公民身分發展，他們便是走在正途上。這種對養育兒女的取向可能有助我們社會的穩定，以及國家經濟的健康，但卻並不促進福音作為愚拙這種觀點。[9]它將值得尊重和遵從，取代了上帝的公義的奧祕，而這奧祕只有藉著耶穌基督的死和復活才屬於我們。

這種給上帝和祂的公義強調正確做法的取向，視聖經為生活手冊，而不是邀請人心進入與上帝那狂野和奇怪的相遇的文本。它令基督教信仰變成要學習的課程，而不是追求與我們那不被馴服的上帝的關係。對聖經持這種指南式閱讀取向，是尋求安全和穩定，雖然上帝應許我們的只是祂的同在，別無其他。生命的祝福由上帝根據祂的旨意和目的賜給我們，而不是基於我們忠心地跟從規則。

為免你以為我向保守的右派揮動斧頭，讓我向你保證，自由的左派也犯了同樣具破壞性的錯誤。

以自尊取代公義的錯誤

我與那個復元運動的領袖二十多歲的孩子坐在一起。她成長時十分察覺到羞恥、不容忍和教條主義帶來的破壞性。我問她童年時父母為她提供甚麼參照幫助她辨別對與差之間的分別。她回答說：「對是給人自由的機會；錯是限制創意和選擇。」

我進一步問：「但在你成長時，不是有時有規則和界限，要求你父母介入和令你痛苦呢？」

她想了一會。「媽媽正忙於取得她的博士學位，爸爸忙於寫作和演講，我大部分決定都是自己做的。我父母關心我對自己有良好的感覺和有自信，遠遠多於關心我應否看 R 級電影或去可能有酒飲的舞會。」

很多父母專注於提升他們孩子的自我價值，確保孩子掌握社交技巧，將品格推到次要的地位。這些父母以孩子在運動、音樂、戲劇或學術方面的成就來衡量成功。他們假設如果孩子學會成功，確保成年人成功的機構（鄉村俱樂部、同濟會、教會和大學同學會），會在那些服事家庭、社會和上帝，得到文化接受的人身上，補上最後一筆。結果，確保孩子得到教導和訓練他們變得成熟，比教導他們對生命真正公義的看法重要得多。雖然我們可能假設這種心態代表了人本主義的左派，但我們也要承認，它在教會中也實在太普遍了。還有甚麼組織比美國教會更以節目為主導？

我恐怕這種對上帝的取向給我們一種幾乎是不能抗拒的刺激。它應許成功作為對苦難的解毒劑，而不是以敬虔的品格作為服事那些軟弱和貧窮的人的基礎。它視基督徒生命為一系列要賺得的成就，而不是需要接受、不可預測、有時棘手的關係。它將自尊提升為至高的善，令羞恥的經驗成為最大的錯誤，而不是帶領我們擁抱耶穌的羞恥作為通往救贖的路。

活在公義的中庸之道

如果我們要將上帝的性情反映到我們孩子的生命中，我們需要避免兩個極端：由規則限制的「公義」和沉迷於成功追求社會認同。正如上帝既是有能力又有憐憫，我們也必須採取那棘手、不可能的中間立場。明智和仁慈的父母創造一個同時／以及的領域，提供一個框架保護她的孩子（以適合他們年齡的方式）脫離不恰當的冒險和罪的破壞。當然，兩樣都做是不可能的，但卻是完全需要的。我們沒有能力同時提供安全和自由，所以福音變得更必要。我們需要真正認識赦免，然後將它給予我們的孩子。

安全來自能力的恩賜。我會保護我的孩子脱離課室的欺凌和壞老師那種盛氣凌人。我會提供身體上的技巧和態度去應付欺凌，以及語言的技巧和合適的態度去面對沒有技巧或不合資格的老師。無論怎樣，訓練我們的孩子變得堅強，都必須冒著違反我們文化、教會或鄰舍視為正確或公義的規則這個危險。一個人如果我們要學會怎樣運用能力為公義服務，便必須失敗。

同樣，自由來自恩典的恩賜。自由是束縛和害怕的奴役的反義。完全的愛驅走害怕，釋放內心給予和接受關心、快樂和喜樂。我不單會保護我的孩子，我也會讓他們一嘗自由，讓他們可以玩耍和休息。自由的孩子可以大膽地休息和寧靜地玩耍。

上帝給父母的呼召的奧祕是重大的。孩子愈認識安全，便會變得愈堅強。他們愈認識溫柔，便會愈自由。更大的能力產生更多溫柔；更多溫柔產生對弱者和有需要的人無畏的委身。奇怪的是，上帝的能力和憐憫隨著時間過去而交織在一起時，孩子學懂活在上帝的奧祕中。

學習能力和憐憫

我女兒阿曼達站在我的書桌附近，等候我感到她的存在時，我們只在普格松德（Puget Sound）居住了兩個星期。我轉過身時，她的臉孔憂愁而堅定。她說：「我為你帶來麻煩。我感到難過，但再來一次的話，我不會後悔。我需要告訴你一件事。」我洗耳恭聽。

阿曼達十二歲。她的外表是小女孩，但我知道，無論她準備告訴我甚麼，那都涉及由小女孩過渡到一個新的層次。她說：「我打了對面街的男孩子，他爸爸很憤怒，想和你談談。」

我完全呆了。阿曼達不是拳擊手。我要求她說出詳情，她告訴我這個故事。我們搬到新居第二天，我兒子安德魯（當時八歲）被附近幾個男孩子毆打。我不知道這件事。阿曼達說他太尷尬，不敢告訴我。她叫鄰居那個十二歲的男孩找和自己一樣高大的人去，不要欺負弱小，如果他再騷擾安德魯，便要付上代價。那天鄰居那個男孩再次毆打安德魯。阿曼達發覺弟弟在哭，並找出原因。她走到鄰居那裏，按門鈴，在那個男孩應門時擊倒他。

她來告訴我。我感到震驚；我感到自豪。我寧願我的孩子犯錯，也不願意她選擇躲避這個世界的衝突和心痛。她應該先來找我。安德魯應該告訴我他的掙扎。不過，無論怎樣，他們選擇了自己處理事情。

阿曼達選擇了去征服和統治。她做得很好。她失敗了。兩樣都是事實。接著她自首，面對後果，說出事實。我十分不願意懲罰她，但我還是這樣做。我們走到對面街與鄰居談那件事。後來我和那家人坐在一起，嘗試找出一個計劃，是不再涉及任何暴力的。阿曼達那天晚上不能和朋友外出，要看半小時世界摔角聯賽的戲劇。

上帝呼召我們接受養育兒女這個不可能的任務。但這個任務也是不可能地奇妙的。認真看待罪，就是總是根據我們的孩子會成為怎樣的人，以及我們會怎樣以這個呼召來看它。我們（和他們）要統治和征服，增多和充滿。他們（和我們）要堅強和溫柔，模仿上帝。

無論那是多麼弔詭，它都是上帝的意圖和給我們的呼召的奧祕。

註　釋

1. 參羅一20~22。
2. 詩六十二11~12，NIV。
3. 耶三十一20，NIV。
4. 參創一28。
5. 參創三6~10。
6. 參創三11~14。
7. 加三13。
8. 太二十七46，NIV。也參詩二十二1。
9. 參林前一18~31。

第八章

盼望的堅持

夢想上帝對我們孩子的渴望

我們已經看見，上帝給父母的呼召是人不可能完成的任務。雖然努力嘗試不跌倒和失敗，但我們還是做不到。然後我們站起來，又再跌倒。雖然一再失敗可能令我們傷心，但那實際上是邀請上帝成為我們想祂成為的上帝的路。在罪惡眾多時，恩典才變得更大。

對父母來說，恩典是一個滿是疑竇的觀念：我們並不真正相信恩典。如果我們相信，我們會放鬆，邀請我們的孩子冒險和失敗，玩耍和跌倒。他們成績不好或者在關係的好壞中掙扎時，我們不會感到那麼混亂。我們會相信，即使在掙扎中，有更大的好處正在生出，如果我們有可以看見恩典的眼睛的話。

在使人心碎的時刻，甚至在生命的日常秩序中，我們都質疑上帝恩典的效力，但我們相信運氣和努力工作，以及我們的社會組織有能力透過以孩子為中心的活動為我們的孩子帶來好處。我們倚靠恩典以外的一切，令我們筋疲力盡、擔心，並祕密地數算日子，直到我們的小天使不再用尿片，或者開始上學，或者脫離青春期，或者離開家裏。渴望很快通過一個階段，去到另一個階段，是愚蠢地認為另一邊的草真的比較綠。它當然不是。不要急於走到將來；一般來說，養育兒女只會愈來愈困難。

我和一個朋友談論他最小的兒子。他說：「我還要多等五年他才十八歲。我相信我們可以等，但那似乎好像永恆那麼久。」他的兒子是頗為典型的青少年，令他父母發瘋。父親應付現時的痛苦的方法，是數算還有多少日子便可以有空巢，不再有混亂、噪音和要求。他說要多等五年時，我完全明白他的意思，因為我對自己說：「我們還有四年三個月零十一天，所有孩子離開家裏的榮耀一刻便來到，我們會賣了房子，搬到船上，人們只能夠透過電郵與我們聯絡。」我真愚蠢。

我心裏接著想到自己和一位兒子已經超過四十歲的父親的談話。這位六十多歲的爸爸說：「你永不會真正停止關心孩子，你也不會真正忘記過去，因為你希望有機會以不同方式處事。」他的兒子投入科網經濟之中，將多年的勞力和大部分積蓄投資在賺快錢這個誘惑中。科網股爆破時，這個男人的兒子也失敗了。他失去工作，變得沮喪，幾乎破產。父親借了錢給兒子，結果是兩人的距離更遠，兒子更沮喪。父親看著我說：「告訴你的讀者，『一日為父母，永遠都是父母。』養育兒女是一生一世的。」

我們永遠不能停止活在上帝的能力和憐憫中間。我們永遠不能停止回答我們孩子的兩個核心問題：「我是否蒙愛？」和「我可以為所欲為嗎？」在養育兒女方面，我們要在哀傷和羞恥中堅忍。實在沒有其他方法。

哀傷和羞恥

> 愚昧子使父親愁煩，使母親憂苦。[1]
>
> 義人的父親必大得快樂；人生智慧的兒子，必因他歡喜。你要使父母歡喜，使生你的快樂。[2]
>
> 我兒，你要作智慧人，好叫我的心歡喜，使我可以回答那譏誚我的人。[3]

諺語是明智之言。它以簡潔、深刻的方式總結人生。每一種文化都建構諺語，切中複雜事物的核心。我們說：「女人〔或男人〕——不能忍受她們；不能忍受沒有她們。」諺語可以簡單得好像「為甚麼問為甚麼？」它是「一言驚醒夢中人」的思想，揭示真理，然後指示你生活的方式。

舊約的箴言充滿關於養育兒女的智慧話。或許對孩子和父母其中一個最痛苦的提醒，是可以透過孩子蒙受的羞恥。[4]

孩子在他們使父母心碎這固有的能力中，運用最大的力量。父母的弱點是他們可以模塑孩子，但卻不能製造孩子這個現實。父母惟一可以有分於製造的時刻，是懷孕的時候；父母所有其他影響，都由這權力的奇怪逆轉所模塑。父母是大的，孩子是小的。有很多年，孩子都完全倚賴父母。不過，在早熟的年紀，孩子明白他們有自由，父母卻受到束縛。

那一刻在我女兒安妮十六個月大時來到。她有信心地走路，而且好像很多第一胎的孩子一樣，以驚人的速度發展語言能力。她站著，一手放在冰箱的門上，我坐在廚房長餐桌旁的一張凳子上。她一會兒看著我，一會兒又瞪著冰箱門。我很快便發現她對甚麼產生興趣。那是冰箱門底部一塊開始有點脱落的膠。

安妮跪下，開始在膠的邊沿上拉。我説：「安妮，不。不要拉。不，不。」她正眼看著我。她眼神顯示她不害怕，也不動搖。她清楚明白那個禁令。但卻轉身開始拉那塊膠的邊。我再次説：「安妮，不要那樣。如果你繼續，我會懲罰你。」她看著我説：「爸爸，不能打屁股。」我笑著回答：「安妮，如果你再拉，我便會打你屁股。」她看看我，再看看那很吸引、向她招手的膠邊，又再看我，然後堅決地轉身用雙手用盡小身體的所有力量拉那膠邊。

她不單藐視我，也完全明白不服從的後果，她十六個月的小小靈魂在她裏面説：**我才不在乎！那感覺很好，我想那樣做，打屁股的代價不及將這片膠拉到我手中的樂趣那麼大**。她衡量代價－得益比率，然後去做。我感到震驚。我很可能打了她屁股，她很可能哭了，我們兩人都蹣跚地走進自己的日子。令我驚訝的是，即使肯定會有痛苦，也沒有終極的力量説服我的女兒——或我的任何孩子——不要做他們真的想做的事情。

我們的孩子不是我們自己的延續；他們是分開、自主的存有。他們有自由選擇自己的路，雖然有痛苦和後果。即使在十六個月時，安妮也有自由為我帶來哀傷和羞恥。孩子是自由的，父母則受到束縛。父母是愛的奴隸；孩子必須掙脱這些束縛，成為新的存有。

哀傷的禮物

每個孩子都為父母帶來禮物，但其中一個最奇怪的禮物是心痛。心是一大片肌肉，將生命泵遍我們人的四肢。和任何肌肉一樣，它必須運動才能夠變得更強壯，那操練要求流汗和痛苦。我們情感的心的成長也是這樣。我們的愛跟隨我們受苦和拒絕變得冰冷，以及剛硬的程度而成長。

在好像我們這樣的世界，苦難不是選擇，但苦惱卻是。如果面對苦難，我們説：「夠了，我不再忍受，我放棄。」我們便是選擇苦惱，不是成長。成為父母就是要受苦。那苦難與上帝對我們生命的呼召有關，那呼召容許我們的孩子受傷、失敗和承受後果。苦難也是個人的，身為父母，我們會因為做得不夠或做得過分而失敗。

因為他們的受傷而哀傷

我記得我太太麗貝卡説的一句話，彷彿她只是在幾分鐘前說過。我們其中一個孩子重重地跌倒在地上時，她說出那句話。我當時病了，看不見那情景，但從那聲音和我女兒臉上的眼淚，可以明顯知道那情景怎樣。愈長時間沒有成年人有反應，那憤怒便愈強烈。最終我太太說：「不要在地毡上流血。如果我們需要帶你到醫院，便告訴我。」我想笑，也想吼叫。我們的孩子在哭，但我太太卻很冷淡。我不能相信她那樣不關心！

不過，我看到麗貝卡的臉孔時，發覺她十分憂愁，她的平靜是出於選擇，而不是反映她輕鬆。她選擇以受苦的尊嚴來尊重我們的孩子，而不是給她來自父母的過分保護。我太太傷心但抗拒抱起她的孩子，除去痛苦這種自然的衝動。

每個父母都曾經看見孩子受苦而不能——或不應該——停止那痛苦。我永不會忘記醫生將一支針插入我兒子的頭，麻醉皮膚，然後才替他的傷口縫針時，他那雙畏縮、銳利、迷惘的眼睛。他雙眼說：「爸爸，不要讓這個人傷害我！」沒有解釋和保證可以除去他被出賣的感覺。我看著我的兒子受傷害，他憤怒地轉臉不看我。我會十分樂意捱十倍的縫針而不接受局部麻醉，如果這樣可以減輕他的痛苦和迷惘的話。

我沒有一天看不到我的孩子受苦。那兩個取笑我女兒穿新網球鞋的小女孩幾乎被我在街上截停他們。惟一阻止我這樣做的，是在腦海中清楚想到報紙的大字標題：**心理學家襲擊兩個欺負他女兒的小孩**。生命的傷害——身體上、關係上、情感上——是完全不能忍受的，當我看到我的孩子受苦，或者我必須容許他們受苦，有時甚至將痛苦帶到他們生命中。

哀傷顯示世界上有些事情出了錯。它進一步揭露我很大程度上無力停止傷害。沒有甚麼比看著孩子受苦更令人嘗到眼淚和血的鹹味。

為他們的失敗哀傷

我們十分希望我們的孩子成功。否則我們將他們推進和我們一樣令人疲倦、日程表排得太密的生活，便沒有任何意義。我們活在著迷於成功，恐懼失敗的時代。不過，失敗仍然是最聰明的教師，也是最深刻的推動者，更能夠掌握我們需要做甚麼才能夠實現自己的渴望。沒有失敗，我們不單會沉悶，也永遠不會學懂喜愛學習。

但想一想如果你告訴一個在體操蓆上表現最差——絕對是最差——的孩子以上的話，會有甚麼事情發生。看著所有其他八歲的孩子跳上那張蓆，翻筋斗，跟從東岸教練喊出的命令做——除了我的女兒安妮——我記得那時那可怕的感覺。她猶豫、笨手笨腳和不自然。我看了半小時，不能忍受她的不安，於是走到停車場。

我站在外面時，雙手在顫抖，嘗試產生足夠的力量，去推動那可以站到體操蓆上的小火車。我知道她是做得到的，我知道她做得到，或者至少我**認為**她做得到，但她做不到，我想不出應該怎樣做。奇怪的是，我們孩子的所有失敗也都是我們的失敗。事實上，那些失敗往往是我們的失敗，多於是他們的失敗。

安妮走出來到車子那裏時，看著我說：「我糟透了。那實在可怕，我不想再做那事情。」我同意，但我受的苦顯然比她更大。我仍然做有關於那個下午的噩夢。

孩子必須得到容許去試驗，而試驗要求完全失敗。父母顯然不應該讓小孩子在繁忙的交通中玩耍。有些試驗是致命和錯誤的；其他試驗則視乎年紀而定，應該由父母的參與調節。不過，孩子倒在地上時，父母胃裏感到一陣抽搐，雙手感到一陣張力，不自覺地毛髮直豎，想俯身拯救孩子脫離挫敗和羞恥。這樣的本能往往是錯誤的。父母需要讓孩子學習只有藉著失敗才能夠學懂的教訓。

為他們的後果感到哀傷

「這對我的傷害比對你更大」這個養育兒女的經典自我欺騙並非完全是謊言。有時打屁股的確令我的手比我孩子的屁股更痛。不過，更多時候，由於我孩子的失敗而令他們在生命中面對後果，令我和他們同樣難受——如果不是更難受的話。

最近其中一次最嚴重的例子，是一個完全破壞了我們家庭兩個周末、關於華盛頓州的習作。我讀中一的兒子要研究一個聖胡安羣島（San Juan Islands）邊界奇怪的小衝突，稱為「豬隻戰爭」（The Pig War）。即使你在美國歷史年鑒中沒有讀到這個衝突也不要擔心。只有很少關於它的資料。事實上，這個衝突涉及一隻英國豬的死。那隻豬是被一個美洲定居者射殺的。這件事引發兩個國家集結軍隊，守衞他們同時自己聲稱擁有主權的那一個島。沒有開過槍，也沒有人死，除了那隻可憐的豬。關於這場衝突，你知道的已經和人們知道的同樣多，而且比你想知道的多很多。

我對豬隻戰爭有這些認識，只是因為我的兒子將一個大習作——包括地圖、訪問和錄影製作——留到最後一刻。他「忘記」了交習作的限期，不過他以為只需要花一兩小時便能夠完成。令情況更複雜的是，幾天前我太太和我談及我需要更留意我孩子的功課。我當時同意，以為那表示不時花幾分鐘檢查他們的功課。我沒有計劃進入沒有流血（除了那隻豬）的戰爭那些神祕的細節中。而這一切，在前面的錄影、下載資料到一部見鬼的電腦，然後剪輯，加上音樂、標題和淡入及淡出效果的挫敗相比，顯得微不足道。那一切工作令我幾乎想施行暴力。

不過，我沒有發脾氣，而是深呼吸，而且明智地在我兒子餘下的青少年日子好好教訓他。但施行紀律對任何人來說都並非那麼容易。父母懲罰孩子時，也令我們中止所有生命。父母說：「如果你不改變態度，我們便不會去看電影」時，結果是失去電影，破壞父母和孩子快樂的連繫，以及父母因為嚴厲而背負情感的重擔。難怪拯救孩子，或不理會他們的行為會是比較容易的出路。我們不想孩子受苦，我們也不想忍受他們和我們的苦難加在一起。但不受管教的孩子——或者能夠逃避自己行為的後果的孩子——實際上是不蒙愛的孩子。

不理會麻煩、幼稚的行為，可能顯得是寬容和仁慈。但不理會這些行為，令孩子絕緣於受苦或失敗，會苦害了他們。對孩子來說，後果是失去來自克服障礙的信心，包括來自我們裏面，挫敗我們想做的很多事情的障礙。不受管教的孩子對自己和別人的尊重都不會增長。父母必須帶來和所犯的錯相配的後果，如果不理會，那錯誤會妨礙孩子的發展。那些時刻會令父母充滿不情願、疑惑和哀傷。

我們往往必須限制我們孩子的活動，但另一方面，我們也蒙召忍受他們的自由。有時那涉及看著他們作決定，而我們知道或懷疑那決定會帶來失敗和不快樂的後果。在其他時候，那表示堅持要他們自行作決定，即使他們寧願將那責任交給我們。我們在甚麼時候介入限制他們的痛苦？我們在甚麼時候幫助他們避免失敗？我們在甚麼時候免除那後果，給予恩典？甚麼時候緊緊跟隨法律的條文？有些決定和生死一樣清楚，其他決定則好像生命本身一樣不明確。在大部分情況下，專家或你的配偶都會一致地告訴你，做跟你選擇做的事剛好相反的事情，會是遠為明智的。養育兒女是受苦的邀請，因為沒有人真正知道應該怎樣做。

或許養育兒女最大的任務是謙卑地參與，即使我們完全不知道應該怎樣做。好父母的任務是面對沒有父母足夠好這個事實。沒有父母足以為自己的孩子提供只有恩典才能夠提供的東西。每一個父母都蒙召深刻、熱誠地察覺到自己需要恩典。

解釋我們自己的失敗

如果養育兒女只是關乎我們的孩子，我們會少受很多苦。養育兒女的內容，應該大部分是關於我們的孩子，但它往往也很大程度上關乎我們自己。我們失敗，並為孩子帶來哀傷，然後那哀傷添加上可悲的利息後，回到我們自己身上。我們的失敗可以歸納為三類：考慮不周、反動作用和刻薄。

我們考慮不周的失敗

在滑雪的斜坡上，我的女兒在我前面重重地跌倒，我迅速滑向她。我想停下來時，我的滑雪板碰到一塊雪，滑雪板從我腳下脱落，令我跌倒。我滑向她時，可以看到她臉上的痛苦的神情。她跌倒已經夠糟了，但我撞向她，這個第二次撞擊，實在可怕極了。她在哭，我嘗試安慰她；但我的話不能夠將意外帶走。我感到自我憎恨的火焰。我裏面在呼喊的話遠比我會寫的更差，但至少我的話是：**你這個白痴，你認為她最初為甚麼會跌倒？你應該知道那裏有一塊雪。**

我答應去接孩子時，卻讓他們留在學校。我也曾經踏在他們腳上，將東西掉在他們身上，玩得太粗魯，不能履行諾言，只是因為我忘記了。考慮不周、不敏感、無意的失敗，都令父母心碎。

我們反動作用的失敗

每個孩子都學懂按甚麼按鈕引起某種反應。他們的希望不獲滿足時，他們嘗試以最後一個英勇舉動令父母上當。我的孩子知道應該以甚麼具體的語調説話，用恰當地提高聲調，傳遞他們對我作的決定的鄙視。我通常將聲量提高。這增強他們自義的輕蔑這種感覺，激起我的堅決，令我們彼此分隔很遠。我往往對自己說：**你是成年人。控制你的憤怒吧！**但**你是成年人**這句話只令我更憤怒，因為坐在汽車座位上的孩子不需要繳付汽車保險費、房子的按揭，或者每天卑躬屈膝地工作。我的孩子至少應該明白這個在車子上的旅程需要付出多大代價，更不要説停下來買雪糕這個要求是多麼荒謬了。

有時父母反動作用的失敗與孩子無關。孩子緩慢地移動，沒有機會研究媽媽的日程表，考慮媽媽的責任多麼重大。因此，「讓我們出發」這個關乎生死的命令看來只是含糊的建議，不是好像它本來那樣是棘手的命令。用比喻的説法，孩子閱讀威爾科（Wilco）最新的歌曲的樂譜，父母卻在唱韓德爾（Handel）的〈彌賽亞〉（*Messiah*）。反動作用的失敗充滿在自義中，但結果是父母感到好像孩子一樣，而孩子則至少感到與無力的父母榜樣平等，或者明顯更優越。

我們刻薄的失敗

讓我們面對事實吧——我們可以是刻薄的。有時我指摘那些可以傷害我的人之中最微小的那一個。如果我向鄰居一個孩子呼喊，我可能要面對他父母或甚至警察。我可能選擇踢一隻狗，但那隻狗可能會咬我。有時我們憤怒和瘋狂，我們的孩子便在我們不好的日子，我們過去的受虐，我們父母的離婚，我們失去工作，在公路上被別人切線，以及天曉得甚麼其他的問題上首當其衝。我可以是討厭的人——不成熟、自我中心、自義、口臭。

要解除這種傷害，惟有承認和要求饒恕。即使我們這樣做——而這是少有的——仍然不能夠撫平傷口。我們要求饒恕，可能令孩子在圍繞那失敗的沉默中不會感到要發瘋，但那並不會除去他們的傷害。

因此我們不大知道應該怎樣做。我們往往失敗，然後因為缺乏知識和智慧而增加我們孩子的苦難。另一方面，我們往往令孩子失望，只是因為我們不夠成熟。無論怎樣，我們孩子受苦時，我們也受苦。

養育兒女已經夠困難，即使我們的掙扎只是關乎苦難。但養育兒女也打開我們的心經驗更深的掙扎：羞恥。我們往往在我們的孩子令我們羞恥時變得刻薄。

養育兒女的羞恥

那是可怕的一刻。那是我大女兒第一次鋼琴演奏，我仍然認為那經驗近乎地獄。我們和大約一萬個父母坐在一起，我們等女兒表演已經等了大約四天（或者似乎是這樣）。最後，我那紮著馬尾、七歲大的女兒走到台上。我幾乎不能呼吸。她坐在大椅子上開始彈奏。她很放鬆，我卻緊張得渾身濕透。她彈得很好，直到去到那短曲的中段時，她突然停下來。觀眾屏息等候。一會兒後她重新開始。觀眾鬆一口氣，直到我們發覺她沒有繼續彈下去，而是重頭開始。

現在我們準備看她能否經過中段，完成樂曲。當她彈到之前停下來的地方時，觀眾很緊張。她來到同一個地方，雙手靜止了。那張力很大。安妮轉向觀眾，帶著傻傻的笑容，聳一聳肩。觀眾鼓掌和笑起來。鋼琴教師走上台，將樂譜放在她面前，她泰然自若地完成樂曲。

我感到憤怒和羞恥。演奏會最後一項表演後，我們吃了必須吃的不新鮮曲奇餅，喝了一些粉紅色的飲品，並周圍恭喜其他孩子和父母。似乎沒有人知道應該怎樣對待我女兒或我們。這令我感到更疏離，成了音樂白痴、沒有紀律的家庭的頭。我的觀感是那麼混亂，我的反應是那麼失常，我知道我只能夠離開。

我向太太示意我們要走了。她看到我那緊閉的口和黑沉沉的眼睛，明白我在外面溶化，比在一大羣朋友面前溶化更好。

我在太太和女兒前頭，向車子走去。接近車子時安妮拉著我的外套，將我轉過來。她說：「你討厭我，是嗎？為甚麼你那麼以我為恥？」

我認為當時這句話比知道自己被診斷出患上癌症，更令我害怕。我感到自己被脱去衣服，拋到牆邊——被揭露和赤身露體。羞恥。那是一種原始、令靈魂冰冷、令心剛硬的疾病。父母一定要忍受羞恥，這種經驗涉及逆轉、啟示和憤怒及輕蔑的某種結合。

我期望女兒有好的表現，或者至少令人滿意。她將我的期望和渴望逆轉。所有逆轉都令我們不安。如果不會令個人被揭露，很可能不會有羞恥。例如：航班被取消，這逆轉永遠都不是我的錯，我可以怪責別人，自己沒有任何直接的責任。但當過錯被視為是我的問題時，便存在著羞恥的元素。那逆轉是我的錯。在面對個人的逆轉，我們拒絕承認我們的人性（我們的有限、脆弱和失敗）時，羞恥便生出，以輕蔑對抗我們。

安妮將我的期望逆轉，揭露我們的家庭缺乏音樂技巧，以及我們沒有充分預備孩子進行表演。我沒有接受她聳肩那美好的時間配合，或者觀眾對她的溫柔接納，而是用那逆轉來怪責她和我太太，最終也怪責自己。我墮進羞恥的泥沼中。對大部分父母來說，羞恥在上帝的恩賜逆轉時出現，在揭露和增強父母生命中沒有說出和未完成的羞恥時出現。

我們不能對我們的孩子沒有夢想。我們開始時的夢想大部分都和孩子的天份、性向或興趣沒有關係。我們的夢想直接和象徵性地連繫到我們自己生命的故事。在很多方面，每個孩子都是父母的空白畫布，讓他們在上面重繪自己的命運。

那鋼琴演奏在身為爸爸的我和身為肥胖、愚蠢、沒有吸引力的孩子的我之間製造了衝突。我小時常受欺負，只有很少朋友，大部分時間都孤獨一人，閱讀，看電視，吃奧利奧餅乾。我不喜歡童年的自己，我向自己保證，我的孩子會是健康（瘦削）、喜歡學習（每一科都獲 A 級）和關心別人（受朋輩歡迎）的。我們可以對自己的孩子有合理和值得讚賞的夢想，而那些夢想卻只是我們致力將自己的過去糾正過來，這實在令人驚訝。

這是一條公平的規則：每個父母對孩子的夢想都必須被打破，才能夠讓孩子拼出自己真正的夢想。我們不能夠要求我們的孩子根據我們已經定好的計劃行事。

這是我們夢想的反諷之處：父母必須為他們的孩子有夢想，否則孩子會不能培養盼望的基礎。同時，那些夢想必須被打破，否則孩子會活在父母的緊身衣中。大部分父母都會在這兩個世界之間的痛苦中，經歷他們的夢想變成夢魘。

我們對我們孩子的夢想必須破碎，但那些碎片仍然在腳下。那些破碎的部分開始給我們傷痕，經由我們將鄙視的力量傳給世界。我們不能夠忍受內在的混亂而不將那能量發洩在最接近我們的人身上。接著羞恥以這種熱力燃燒我們，令我們為了生存，將那熱力轉向那些使我們的夢想破碎的人。如果有哪一方面是大部分父母都不能夠堅忍的話，那就是為他們的孩子有夢想。

堅忍的夢想者

我們不喜歡傷心，但我們絕對討厭羞恥。對很多父母來說，更多破碎的夢想這個前景，令他們再沒有夢想的勇氣。

如果我們要有我們需要的勇氣，我們需要對盼望有很大的委身。使徒保羅談及傷心、苦難、羞恥和盼望時，以十分美麗和有力量的話表達。他說：

> 我們……歡歡喜喜盼望神的榮耀。不但如此，就是在患難中也是歡歡喜喜的；因為知道患難生忍耐，忍耐生老練，老練生盼望；盼望不至於羞恥。因為所賜給我們的聖靈將上帝的愛澆灌在我們心裏。[5]

通往愛的路是要透過盼望行走的。通往盼望的路總是透過苦難行走。不過，從苦難到愛的橋樑，卻是建基於堅忍的基礎上。如果我們不堅忍，我們不會贏得賽跑。即使我們以烏龜的速度走，艱苦地走的堅忍跑手，也會打敗那些雖然跑得快，但卻休息和享受的人。

保羅那關於盼望的説話，邀請我們朝著上帝透過聖靈向我們傾出的愛走。聖靈好像清新和狂野的風，透過我們吹送。無論是撫慰我們的痛苦，還是撕去我們的虛飾，祂都好像作動的母親那樣，以我們不能聽到，但聖父和聖子都能夠聽到的話呼喊。[6]每次聖靈透過我們吹送時，我們的靈魂都被喚醒，在上帝裏面有盼望。但父母的夢想往往與聖靈的計劃有衝突。

父母的夢想

我們對孩子的夢想往往建基於證明一些關於我們自己的

事，或者糾正我們過去的一些錯誤。如果我的女兒可以毫無瑕疵地演奏一首樂曲，不單我們有恩賜和能幹，我過去的噪音也在她榮耀的光輝中被淹沒。我們的夢想也十分受文化影響。一個經濟有困難的家庭不大可能夢想兒子可以得到壁球的獎學金。我們根據我們熟悉和習慣的東西來夢想。

我們往往夢想我們的孩子不會在我們失敗的方面受苦。選擇不努力讀書，因而學業成績不好的父母，往往迫自己的孩子有好的學術表現。在人羣中感到被遺棄的父母往往致力令自己的兒子有充滿自信和了不起的舉止。

而且，我們的夢想源自我們認為能夠顯示成功的文化標記。在保守的基督教環境中，這可能包括堅守道德，忠心地出席青少年小組，熟悉聖經，大膽地宣告福音。對社會更敏鋭的宗教家庭可能包括以上的夢想，但會加上定期在施食處或護理院做義工。每個家庭的價值觀，都會連繫到我們對自己孩子那些正在擴展的夢想。

或許這樣説太直率，但我們的夢想很少與性情有關，特別是上帝的性情。我們可能渴望或要求我們的孩子誠實、努力工作和有禮貌。我們可能堅持他們吃得好，每天至少洗澡一次，為年長的姑母開門。但我們是否真的夢想我們的孩子變得更溫柔和堅強？

我不相信上帝的靈太關心你或我的孩子能否進入哈佛（Harvard）或在州際足球錦標賽中射入致勝的一球。但聖靈卻對性情有夢想。我想和聖靈一起為我的孩子有夢想嗎？

聖靈的夢想

聖靈不斷將我們的生命轉向上帝的臉。[7]我們愈看見上帝，愈明白祂對我們和我們孩子生命的呼召。對我們的孩子，有比「在他們身上發生的全是好事，壞事卻不發生在他們身上」大得多的夢想，是我們的特權。我們應該夢想、祈求、渴望和談及痛苦、悲劇、歡樂和榮耀的可能會交織在一起，令我們的孩子成為渴望觸摸上帝的臉的人。

多年來我們祈求我的女兒安妮會是一個好孩子——聰明、敬虔、快樂、聖潔，而且不會帶來太多麻煩。我祈求的遠不單是這樣，有時則祈求遠為少的東西。但我承認我大多祈求她不會被生命傷害得太厲害，不會在意外中受傷，並有一顆為上帝的心。然後我在她大學一年級的初秋接到一個電話。

安妮在十月的一個早上去上課。她感到有些事情不對勁，要回宿舍看看，她當時離宿舍有五分鐘路程。她折返宿舍。浴室的門關了，而且上了鎖。她向室友呼叫，但甚麼也聽不到，她不斷敲門，變得愈來愈害怕。最終她撞開門鎖，發覺室友吞了六瓶藥丸後躺在浴缸裏。

她的室友已經變成藍色；鼻孔和口中都有嘔吐物。安妮將她從浴缸拉出來，打 911 報警，然後開始向她施行急救。經歷了乘坐救護車到醫院那可怕的旅程，以及繁忙的醫護人員那冷漠且專業的漠視，幾小時後她打電話給我時，在一天之間她長大了十年。

她的話充滿痛苦和疲憊：「爸爸，我沒有事，但我真的需要你盡快來這裏。我真的需要你。」我感到不適、害怕、憂愁、憤怒，以及，啊，那麼自豪。我女兒聆聽了聖靈的聲音。她聽到自己的力量呼喚她作出行動。她知道怎樣聆聽。她能夠撞開那些門。她懂得急救，也很有辦法、熱誠和膽量。她拯救了生命。

我和一個朋友吃晚餐。他在安妮讀碩士時和她進行過面試。這位朋友對我說：「你女兒是治療者。她溫柔和能夠安慰人。她知道怎樣問艱難和深入的問題，她看到大部分人拒絕看的事情，仁慈地邀請你說出在健康的過程中涉及甚麼。你一定十分自豪。」

我的確十分、十分自豪。但我的自豪不及我的謙卑，因為聖靈選擇為安妮夢想，那方式是利用我的失敗和我的熱誠，將它們混合成一種音樂這奧祕，比任何鋼琴演奏都更動人。

為我們的孩子有盼望，不是要將他們的成功、名譽、安全或甚至快樂連接到我們的夢想。盼望也不是無結果的努力，要藉著看到我們的孩子做得比我們以前更好，從而贖回我們的過去。為我們的孩子有夢想，是挨向聖靈那微聲的呼喚，召喚我們孩子那真正、由上帝賜予的名字。如果我們拒絕停止夢想，有一天可能會聽到這個名字。我們必須有盼望去想像，並有想像力去夢想上帝給我們孩子的現實。

註　釋

1. 箴十七25。
2. 箴二十三24~25。
3. 箴二十七11。
4. 參箴十七25。
5. 羅五2~5，NIV。
6. 參羅八26~27。
7. 參約十四25~26，十五26，十六14~15。

第九章

命名和被命名

怎樣學習上帝會給我們的名字

沒有甚麼比這更明顯：每個孩子離開母腹時都有不同的面孔、身體、存有和思想。不過，如果這是那麼明顯，為甚麼大部分父母都因為自己的孩子十分不同而感到驚訝？或許你聽過有人說出這句經典的話：「這兩個孩子來自同一個家庭，我真的不知道為甚麼他們那麼不同。」這種重大的分別的含意令這樣明顯的事情也變得十分令人煩惱。如果我們即使來自同一個家庭，也那麼不同，人們給我們「放諸四海而皆準」的養育子女取向時，怎能夠一本正經？

每個孩子都是獨特的織綿，只出現一次的花紋，不會再碰到。考慮一個人的複雜性是令人懼怕的，更不要提一個有數以十億計這樣榮耀而獨特的人的世界。每個人出生時都得到一個名字，這個名字反映他或她存在的獨特意義。

我們給我們孩子的最大恩賜是他們的名字。我們給他們一個姓氏，顯示他們是一個特定家庭的一部分，那個家庭在一段時間內成為他們的安全港。我們也給他們一個名字，標誌著他們與他們的過去（祖父、姑姑、導師）的連繫及／或對他們將來的異象。我第二個孩子在我父親生日那天出生。我們給她阿曼達這個名字，那是我母親在俄亥俄州南部出生的市鎮的名字。那是一個鄉村風情、多山、野外的地方。它標誌著我童年和青少年的很多事情，從我見到阿曼達的那一刻開始，我便感到她放鬆而愛冒險。她的中名是莉（Leigh），我父親的名字李（Lee）的女性化。

爸爸喜歡我所有孩子，那種放縱是我成長時很少見到的。他和我的孩子在地上爬，和他們走多個小時，也搖晃他們多個小時，是溺愛他們、抱著他們、為他們感到自豪的祖父。但他與阿曼達建立了一種幾乎是超世俗的關係。他愛阿曼達這個市鎮，耕種家族的農田，直到去世。他珍惜那片土地，他也愛那個有他名字，反映他遺產那山巒起伏、荒野山地的人。在我父親去世十年後，阿曼達在我們提起他的名字時還會流淚。

名字是我們說出的音節中最有力的，也是我們聽到的聲音中最親切的。沒有甚麼禮物，比我們給孩子名字，以及孩子發現自己的名字更重要。正是這奇怪、十分困難和了不起的過程令命名成了終生的過程。我們在不能有任何發言權的情況下得到一個名字。而當我們花一生時間明白我們地上的名字時，也發現一個上帝會給我們的新名字的暗示。[1]

似乎這還不夠奇怪，父母也會透過孩子學習自己名字的經驗，以及看到將來那個名字的輪廓，而認識自己的名字。在我的孩子發現他們的真正名字時，我也發現意義的地貌，幫助我聆聽和發現有一天會屬於我的名字。我可能給我的孩子命名，但我的孩子也給我命名。這是孩子養育父母的另一種方式。

名字的獨特性

如果今天上帝讓我們根據我們對祂怎樣繼續啟示祂的性情的經驗和理解來替祂命名，祂可能有能力和憐憫這個名字。[2]這是一個而不是兩個名字，因為這些屬性是以單一的形式出現的。上帝不是在單數日子是能力，在雙數日子是憐憫。祂在所有時間都同時有這兩種特性。

上帝邀請身為父母的我們參與一個永恆的過程，給予和接受祂的一點能力和憐憫。正如我們已經看到，我們蒙召將上帝的性情反映給我們的孩子，沒有這一對組合，我們是不能夠這樣做的。

身為父母，我們要為我們的孩子命名，並被他們命名。我記得我兒子替我二女兒命名那一天。安德魯開始說話時，阿曼達五歲。他叫我「爹」。麗貝卡是「媽媽」，她是宇宙一惟一有超過一個音節的存有。安妮是「安」。不知怎的，在安德魯的世界，阿曼達沒有名字。我記得他吃早餐時坐在高椅上，好像第一次看見阿曼達那樣看著她，然後說：

「戴」。他指著阿曼達一再説：「戴，戴，戴。」他臉上充滿喜悅，而我看著阿曼達。她眼中含著淚水，顯得充滿敬畏。給人命名的人是強者；被命名的人充滿敬畏和感激。給人名字是恩賜；接受恩賜會充滿親切的喜樂。

我是依照一隻狗的名字命名的。我外祖父奧利弗·溫德爾·霍姆斯·博柏（Oliver Wendell Holmes Bope）很肯定地吩咐我母親，不要給他第一個外孫任何他擔負的名字。他告訴母親，如果她想尊重他，就要以他喜愛的狗為他第一個外孫命名。我外祖父是一個樸實、鄉土的王子，他不願意給蠢人立足之地，極力維護動物、弱者和窮人的權利。他養了一羣科曼徹種的指示犬，而他喜歡的一隻名叫丹（Dan）。那隻狗的名字不是但以理（Daniel）；我的名字也不是但以理。我的名字只是丹。我到今天仍然很感激母親沒有給我科曼徹這個名字。

我的遺產是依從一隻狗被命名。但它的名字遠遠超過身為一個有靈敏鼻子的獵人。在希伯來語，但以理表示「上帝的公義」。我不知道外祖父是否知道這個詞的古老意思，還是這個詞找到他，給他深刻的印象。但我是獵人——一個治療師和蒙召為虐待的不公義命名的男人。怎會這樣？我們怎樣理解自己的名字？

一個來自上帝的新名字

我地上的名字是丹，但終有一天我會有另一個名字。我會最珍惜，也最能夠反映我的存有的名字，是我站在宇宙的上帝面前時得到的名字。使徒約翰說：「聖靈向眾教會所說的話，凡有耳的，就應當聽！得勝的，我必將那隱藏的嗎哪賜給他，並賜他一塊白石，石上寫著新名，除了那領受的以外，沒有人能認識。」[3]

約翰當時是寫信給別迦摩教會。要進入別迦摩著名的劇院，人們需要有門票，而那是一塊白色的石頭。或許約翰用這個比喻提醒教會，進入上帝的同在需要門票，上面會有我們的新名字，令這門票更為個人化。無論如何，並非一切都很清晰。我們會以我們現在仍不認識的名字被認識。我們也會得到餵養和培育，是我們現在做夢也想不到的。約翰說：「聆聽聖靈，得到嗎哪滋養，讓它使我們快樂，並得到等候我們的親密。」彷彿上帝有一個引人注目的綽號等待我們。

綽號的親密

我給太太一個名字，是甚至連我們的孩子也不知道的。那不是輕佻的名字，但卻是私人和親密的，不是在別人在場時使用。我說出這個名字時，是說出一些音節，能夠將我們帶到比性聯合更親密的合一層面。性交將感官的感覺提升到狂喜的地步，但我說出的祕密名字為我們兩人帶來一連串記憶，是十分與性無關又與性有關、親密、豐富、憂愁、可畏和榮耀的。在一個名字裏，我們整生和歷史、記憶和夢想、過去和未來都在我們裏面打開一個空間，是其他人不能夠進入的。那個名字是我們聯合的聖所。

即使你自己的綽號不代表那種親密，它也創造一種特別的連繫。總括來說，綽號說出一段歷史、一個考驗，羞恥得到救贖的一刻，或者失敗被嘲笑的一刻。在神學院時，我有一位好朋友叫我納哈斯（Nahash）。那是希伯來語的蛇。他知道我以前曾經是非法藥品的營業代表；他知道我世故、有洞見和感到困擾。一天午飯期間，我們一起學習希伯來語時，他聽到我在餐廳工作的太太怎樣將午餐包起來，偷偷帶出餐廳，讓我第二天可以享用豐富的午餐。我從來都不知道為甚麼那個詞語跑到他面前，但他以那愉快的南方慢調子說：「你是蛇，納哈斯。」那個名字在神學院期間都存在。但沒有人那樣叫我，除了霍爾（John Hall）外，任何人說這個詞對我也沒有甚麼意義。

綽號反映一刻的意義。它們伸展到過去和將來，在現在創造特別的快樂。正因為這樣，綽號不是每個人都可以使用的。它們只應該由獨特的人說出。上帝對我們的命名也是這樣。

祂給我們一個名字，寫在白石上，在我們親吻祂的嘴唇時悄悄地告訴我們。祂給我們每個人的名字是別人不會知道的。我懷疑我們聽到自己的名字被說出時，我們可能離上帝的寶座數千哩遠，這個名字只由上帝的聲音說出。那會呼召我們來到祂面前。這就是一個名字的力量；它界定我們，然後呼召我們去到那是惟一重要的名字的一位。認識我們的名字，就是在上帝溫柔的照顧中安息。

我們將上帝的性情反映到我們孩子的生命中時，需要擁抱我們的名字。我們這樣做時，蒙召為上帝交託我們照顧的人命名。

命名的影響

上帝給我們的其中一個最大禮物，是在創造中的角色。亞當受造後，耶和華給這第一個人一個沉重和古老的責任——為所有動物命名。

> 耶和華上帝用土所造成的野地各樣走獸和空中各樣飛鳥都帶到那人面前，看他叫甚麼。那人怎樣叫各樣的活物，那就是牠的名字。那人便給一切牲畜和空中飛鳥、野地走獸都起了名；只是那人沒有遇見配偶幫助他。耶和華上帝使他沉睡，他就睡了；於是取下他的一條肋骨，又把肉合起來。耶和華上帝就用那人身上所取的肋骨造成一個女人，領她到那人跟前。那人說：「這是我骨中的骨，肉中的肉，可以稱她為『女人』，因為她是從『男人』身上取出來的。」[4]

上帝創造所有生物，然後吩咐亞當藉著給它們名字而給它們意義。在我們這個幾乎有無限任命權的世界，不可能掌握那一刻的壯觀和奇蹟。亞當需要解讀每一種動物，然後自行發現最能夠傳達上帝創造的造物的名字。上帝創造的範圍實在絕對異乎尋常。我們只需要到動物園走一趟，便會不禁想到上帝究竟在想甚麼。狒狒是異乎尋常的。大象也是這樣。土豚足以令人腦裏迴盪著一個問題：「上帝瘋了嗎？」

亞當面對這個野獸的大雜燴，蒙召因為一個十分卑微的原因而給牠們命名。他蒙召創造，並在這樣做時，留意到除了他以外，所有存有都有伴侶。每種受造物都有對應者，那對應者在亞當面前做一些事情，是這個男人在自己單獨的存在中從沒有想過的。不要那麼假道學。去動物園吧。看看猴子怎樣騎在彼此身上，以及牛羚怎樣細緻地根據上帝定為神聖和良善的方式繁殖。亞當看見一雙一對，看見牠們成為一體——而他卻孤單、孤獨、渴望經驗有人好像他一樣，但又與他絕對、完全不同。但他沒有對應者，經過辛勞的一天後，他睡著了。

他醒來時，看見夏娃站在那裏，他放聲大叫，毫無疑問也是從自己下身醒覺過來說：「女人！」他為她命名，因而也為自己命名。他的名字（在希伯來語）是 *Ish*；她的名字是 *Ishah*。她是那麼像他，以致和他只有一字母之差。但在一個字母之中，她與他的分別就好像他和牛羚的差別那麼大。他給女人的名字象徵她和他十分相似，但又完全不同。而所有命名都是這樣。我們只能夠為我們所認識的命名，但在每次命名中，我們都圍出新的領域，是那麼與我們自己不同，以致是我們不認識的。

我們以身分、相似和類比為基礎，然後進入神祕的領域。為仍未真正認識的命名，是冒很大的險。我們可能錯誤。我們仍未看見的可能會毀了我們。

亞當給夏娃 *Ishah* 這個名字，因此他引出意義，但仍未知道這關係會怎樣。他不單從視覺上受她吸引，現在也從聲音受她吸引。他感到她的身體和存有與自己相似，又十分不同。她名字的聲音引起欲望、好奇和追求。那聲音將他吸引到她的軌迹，很快他便在繁殖的行動中轉動。所有繁殖都要求這種命名的相互作用，為已知的命名，讓我們進入那仍然未知。命名引出更多名字。我們愈知得多，便愈察覺到我們對那個被命名的人知道或明白得多麼少。

任何學過新的學科或活動的人，從高爾夫球到量子物理學，都知道這種伴隨著所有命名的知道／不知道的螺旋。或許寫小說和詩的人最明白這點。在一本我和朗文（Tremper Longman III）合著，名為《大膽的目的》（*Bold Purpose*）的書中，我有幸負責撰寫小說的部分。那是研究查經小組中六個人對傳道書的經驗。其中一個角色是挪亞（Noah），他是財務分析員，一個一團糟的人。故事的第一部分描述他熱切地盡早上牀休息，並盡量遲起牀。我坐在牀上寫那一部分，身上蓋著一張舒適的羽絨被，為著知道那天在我後面，我躺在牀上的那一刻便可以逃避現實，我感到安心。在那一刻我是挪亞。今天我仍然是挪亞。

不過，隨著挪亞這個角色發展，有無數時刻他不是我。我並非好像挪亞那樣思想，也不是好像他那樣作選擇。我一章一章寫下去時，發覺自己在思想挪亞怎樣遇到相同的情況。每當我寫一段對話時挪亞嘲笑我，那都是可怕的經驗。他會説：「那不是我的聲音。那是你的思想，不是我的。我不會那樣説。」挪亞幾乎成了我頭腦裏的聲音。不過，我聆聽時，他開始幫助我發展一個文學角色，是和我開始時頗為不同的。

現實生活中沒有挪亞。他現在和以前都是我生命中很多人、時刻和內在經驗的創造性命名。挪亞是我，但他和我不同。不過，只是在命名他存在和生活的方式，我才開始清楚自己怎樣思想和生活，閱讀我自己生命故事的主題。每個人的故事都有一個或更多核心主題。每個人的故事，即使與其他故事有共同的人物、背景和對話，也有不同的主題。

為了知道我可能會是誰，我必須知道我現在是誰。要知道我現在是誰，我必須為我生命的故事和主題命名，然後帶著我所知道的，進入我不知道的領域。這在我養育兒女和由他們養育時也是真的。在為我的孩子命名時，我可能聽到上帝對我那親愛名字被低聲説出。要聆聽那個名字，我必須研究我的孩子，為他們的主題命名，因為命名和被命名的對話而喜悦。命名的危險是我們命名的東西最終會為我們命名。這在我們的孩子養育我們時發生。

聆聽孩子的傾向

如果我們想學習每個孩子生命中的故事，我們必須比任何時候都更小心聆聽個體。我們已經談過聆聽我們孩子的真正聲音。不過，要做得好，我們必須特別留意不單聆聽他們說的話，也聆聽他們**活出**甚麼。如果我們留心，我們會看到每個孩子都從一塊不同的布織成；每個都有不同的傾向。我們的責任是聆聽每個孩子怎樣構造。留心會使那個孩子的真正名字給我們一幅初步的圖畫，包括生命主題、負擔和呼召。

我的大女兒安妮在令人瞪眼的混亂和危機中出生。她很好地活出自己的出生。讓我講述她怎樣進入世界。

我太太和我在可敬的上午九時到達醫院。分娩室很舒適，電視接收得很好。我可以感受到自己身體裏的張力，但我們很快便平靜下來。我將我們第一個「女兒」——一隻兩眼圓睜、名叫呱呱叫的狗（Diggity Dog）的斯賓格獵犬的照片放在遠處的牆上，作為給我太太最終的生產練習的焦點。我們在心理助產法方面已經準備好。

那婦產科醫生匆匆來訪，然後回到辦公室。我們等候，那個過程沒有任何進展。我太太的陰道擴張了四厘米，但她似乎不急於生產。大約下午一時三十分，醫生從辦公室發出命令，要求照 X 光，看有沒有甚麼東西阻礙生產的過程。X 光顯示沒有問題。

到了下午四時，我太太開始有主要的陣痛，但仍然未生產。我們也留意到監察著嬰孩心跳的機器由一百六十下降到零，然後又回升。我提醒幾個護士，但她們說那是可以預期的。在我們不知道下，醫生離開了辦公室，在距離醫院大約一哩的地方，他的汽車壞了。不知怎的，他下了車，跑回醫院。到達醫院時，他直接走到心跳監察器，在幾秒鐘內開始呼喊，要護士和另一位醫生幫助他進行緊急的剖腹生產。

臍帶顯然纏著我們孩子的頸部，每次麗貝卡收縮和用力推時，臍帶都擠著我們的嬰孩。接著的三十分鐘是一場夢魘。我只記得很少事情，但每記起當時的每一秒鐘，我的身體仍然打顫。

最終，一位護士告訴我，我可以看我的女兒。我們有一個女兒。我透過窗口望過去，他們將這個用毛巾包著的小嬰孩帶到窗邊。她雙眼睜開，嘴巴緊閉，臉上沒有一滴眼淚。

我不知道我看了多久，但過了一會，抱著我女兒的護士將門打算，將安妮交給我。她問我是否想將女兒帶去育嬰室。她小心地將安妮放在我臂彎中，我謹慎地跟著她走。我雙眼不能離開我女兒。

她那雙銳利和令人不能忘懷的眼睛注視著我，而且看穿我。她彷彿在問：「剛才究竟發生了甚麼事？你是誰？為甚麼你不做點事？」那不是安妮的眼睛最後一次盤問我。讓我快速向前推進十四年。

我正在閱讀，安妮坐在我旁邊說：「我今年需要和家人過感恩節嗎？」我放下書本說：「當然要。你在問甚麼？」安妮有能力輕易破壞我的平靜。她說：「我討厭和家人過感恩節。我不想再過另一個這樣的感恩節。」

我不知道應該笑、哭還是呼叫。我不知道應該問她計劃做甚麼，還是為甚麼討厭和家人過這節日。我不需要問，因為她繼續說：「我們家裏的感恩節是吃東西、抱怨別人吃得太多、製造古怪的噪音、看足球、睡覺，再吃東西，然後很早上牀休息的時候。那是自私的假期。」

我說：「唔，你計劃改為做甚麼？」

她回答說：「我已經查過有沒有施食處會讓我去，他們說如果我可以去到市中心，便有施食處讓我去。」我注視著她那雙棕色、有洞察力的眼睛，知道自己赤身露體和羞愧。

我們蒙召從出生開始便研究我們的孩子。往往在最初幾年，我們開始看到顯示一些傾向、軟弱和固定特點的模式。一些早期習慣和傾向消失了。不過，他們存在的某些方面是和他們的名字一樣持久的。

我們需要觀察我們的孩子怎樣應付沮喪、痛苦、快樂和成功。我們看到他們與朋輩和較年長和較年輕的孩子一起。經過一段時間，有組織的主題浮現，讓我們可以用幾句話或者幾個簡單的故事，告訴陌生人關於我們孩子的事。我們研究我們的孩子時，開始看到他們的核心主題、負擔和夢想。

為聽到和知道的命名

如果我們要明白講述我們孩子的故事的主題、負擔和夢想，便需要聆聽每一個孩子告訴我們關於他們的真實名字的事情。我們聆聽時，要為我們看見的東西命名。命名涉及不單講述我們看見甚麼，也講述它怎樣是好的，怎樣可以用作壞事，以及我們對他們的生命有甚麼盼望。命名總能夠令孩子以新的方式看見，我們可以將孩子的主題、負擔和夢想連繫起來時，命名總是最有力的。

主題

如果我們聆聽沒有說出的話，我們便可以為沉默命名。那是臨時和緩慢的過程。我第二個女兒阿曼達出生時與姐姐安妮完全不同。她是剖腹生產的，很可能比本來早了一兩個星期出生。我們幾乎不能夠叫醒她。如果我想看她的眼睛，我要重擊她的臉頰，直到她睜開一塊沉重的眼皮，然後再次沉睡。還是小女孩時，她是悠閑和隨和的，而不是好像安妮那樣緊張和睜大眼睛。

安妮緊張但警覺性高，阿曼達則悠閑和無畏。每天麗貝卡都告訴我一些關於阿曼達的可怕故事。她在不到兩歲的時候，從車子上的座位爬出去，好像魔術師霍迪尼（Houdini）那樣打開車門。她兩歲時被發現在吊燈上搖來搖去，嘗試在商場二樓的欄杆跳到溜冰場。

大部分事件都是別人告訴我，而不是我第一手看見的。但一個星期日早上，我正在看報紙和喝咖啡。屋子很靜。我以為我聽到前門打開了，但卻沒有理會。幾分鐘後，我從前面的窗子望出去，發現阿曼達好像藍背樫鳥那樣赤裸裸，站在一個小山丘下面的街中間。任何從山丘來的車子都不會有時間停下來。我幾乎從前門跑出去，一直呼喊著跑到街上。我將她抱起，摟入懷中，釋然和憤怒得幾乎令她窒息而死。

我們花了無數年說出阿曼達不大留意或在乎地進入危險地方的能力。她是了不起的讀者，往往一邊走路一邊閱讀，碰到牆壁，跌在地上，但仍然專注於書本。我們讓她駕車、單獨滑雪或走路和嘴嚼口香糖時都感到害怕。她十分仁慈和瘋狂地出人意表。而她需要聆聽這個名字。

負擔

阿曼達步進危險並優雅地這樣做，這能力令她能夠和好些經歷父母離異的朋輩成為朋友。看到朋輩那心痛後，她熱烈地維護在家庭暴力的不和諧中失去自己聲音的孩子。

可惜，暴力不限於她朋友的家庭。很多次她都看到，我的憤怒怎樣爆發和多麼強烈。有一次，阿曼達十三歲時，我的憤怒在法蘭克福（Frankfurt）機場爆發。我們排了隊很久後，被迫轉到另一條隊。我堅持要他們優先處理我們這些排得最久的人。那票務員對我的意見毫不理會，我告訴她和大部分在周圍的人，說她那樣是無禮和不公平的。她向我咆哮；我粗魯地回應。我家人感到困窘，人羣變得不自在和沉默。

阿曼達打破沉默。她向周圍的人說：「他的憤怒相當沒有吸引力，但大部分時間他都比現在好得多。」她說出事實，人們因為她的勇氣而放鬆。我既困窘又自豪。生命在它奇怪和令人迷惑的革命中轉動時，那個票務員走上來取去我們的機票，我們可以登機了。我女兒很可愛和出人意表地大膽；仁慈和願意冒很大的險。

負擔源自生命中獨特的傷口。負擔與獨特的技巧、天份、成功和失敗交滙，在孩子知道或至少感覺到自己需要主修機械、教育或醫科時將他們的心轉向有意義的時刻。或許更甚的是，負擔和特定的時刻和面孔、情景和事件有連繫，它們以我們永遠不能夠預測的方式在孩子身上留下印記。

如果我們就我們看到和聽到的沉默，為我們的孩子命名，然後給他們空間和時間與應該浮現的熱誠協調，他們會開始培養短期和長期的夢想，為他們生命故事的原聲帶提供低音節奏。在容許我們的孩子發展他們的夢想時，我們身為父母也會得到標記和命名。

夢想

「你長大後想做甚麼？」是我們經常問孩子的問題。這是我們預備他們渴望和夢想，預期他們不會總是孩子的其中一個方法。我們邀請孩子夢想聖誕禮物、假期的儀式和特別的外出。我們有時給他們機會計劃一頓飯，是完全由他們選擇的。有些時候我們讓他們在商店中溜躂，在某個價錢和款式範圍內選他們自己的衣服。我們這樣做時，是教導孩子渴望和夢想。這是養育兒女十分重要的一部分。

我們必須謹記，夢想並非總是充滿鬆軟的雲和快樂的面孔。夢想引發渴望，但最終可能在失望的重壓下破滅。夢想可以很快變成夢魘。我們在自己的生命中知道事實是這樣；但我們不想我們孩子的生命也是這樣。結果，我們往往保護孩子避免不實際或危險的夢想。這樣做時，我們十分錯誤又極度正確。我們的孩子必須學會夢想和充滿喜樂——以及學會夢想及充滿哀傷。如果他們所有夢想都實現，他們會沉悶和自大，將寫自己生命的故事歸功於自己。如果他們的所有夢想都幻滅，他們會憎恨盼望，過機械人的生活，對比自己更大的更明智的東西失去信任。夢想和容許別人夢想是危險的。

我們要為自己的孩子有夢想，與他們一起夢想，有時反對他們的夢想。阿曼達是出色的運動員。她喜歡的運動是網球。她在中學二年級時負責第一單打位置。她的風格是狂野的。她通常先輸第一局，因為她似乎分心和疲倦。那比分通常是四比六，而通常都是因為她不集中精神和沒有激情。

在第一局後，如果對手令人不愉快或傲慢，她會變得憤怒。如果對手有禮貌和給予鼓勵，第二局會勝負難料。如果阿曼達憤怒，她幾乎總會贏。如果對手仁慈，她往往會贏，但也可以很容易輸。

接著她會在最後一局打到底，通常會贏七比五或六比四。這令我瘋狂。如果你不是她父母，看她比賽是刺激的；但如果你是她父母，看她比賽卻令你筋疲力盡。我會從旁邊高聲呼喊，她會皺眉頭，幾乎放棄比賽——如果我叫得太多的話。我保持安靜時，她的表現很好。從贏的角度看，我最好不出現，或者不出聲，不神經質地走來走去。

但有一個重大的問題。我想阿曼達盡全力比賽，從第一局開始便毫無保留。她害怕魯莽行事和挨向她的激情。她是仁慈和出人意表的。她是在玩自己的遊戲，還是拒絕鼓起勇氣？她是活出自己的名字，還是拒絕接受自己的名字？

我希望那是清晰的。我與她的比賽搏鬥，是因為她令我焦慮，還是因為我看見、聽見、嗅到、嘗到和觸摸到她生命的一部分，是她不願意夢想的？父母蒙召闖入天使也害怕進入的領域——感受甚麼是真實的，甚麼不是真實的。我們需要燃起夢想，然後幫助我們的孩子看見，挨向夢想是多麼可怕和冒險。因為安全和廉價的滿足所帶來不屑一顧的快樂，而使夢想窒息，是多麼可悲；我們也必須為這可悲命名。而除非我們學懂與我們的孩子對話，否則我們不會能夠這樣做。

因對話而喜悅

同樣，成功地讓我們的孩子養育我們，有賴細心聆聽他們的聲音，包括他們直接説出的和透過上帝賜下的傾向傳達的。這個過程在任何時間都不限制我們指導和糾正我們孩子的聲音。畢竟，對話要求兩把聲音——雙方都説話和聆聽。在對話中，新事物浮現，是如果只有一個人説話，另外一個人只是聆聽，便永遠不會出現的。那是創造的聯合行動——

命名然後被命名，以新的方式聆聽和看見。在每個情況下，它都是罕見和神聖的。

為我們孩子的生命命名

我和阿曼達在她網球比賽勝利後坐在一塊石牆上。我向她講述比賽期間一些精彩的球和時刻。我描述她的表情和移動，她明顯的策略和魅力。我們都喜歡別人描述我們榮耀的時候。她講述自己和那些時刻有關的思想和感受。那是甜蜜和寧靜的。

我開始描述我留意到她開始將比賽放慢。當然，那是在她佔上風時。我説出她是多麼仁慈，不令對手洩氣。我也説出我多麼想跑到球場，放聲叫她加快步伐。她笑著告訴我，我終於有力量控制自己時，她有多高興。我描述我看著她在高和低的推動力之間比賽時，自己經歷甚麼。

我們繼續討論我在工作和寫作時的一些掙扎。我談到我因為傾向從一個責任轉向另一個責任，所以在完成一個計劃方面有困難。我們談到贏和輸是多麼困難。我們談到對不能好好完成的恐懼，以及那恐懼怎樣阻礙我們完成工作。

我們談了二十分鐘，阿曼達明顯預備回到朋友那裏。我不知道那談話有甚麼好處。在她一星期後舉行的下一場比賽，她的風格和結果都沒有改變。我只知道那晚我們有對話。之後我去健身室，在一個月內第一次做運動，也完成了這本書前面的其中一章。

被我們孩子的故事命名

我們一家與兩個好朋友和他們的兒子坐在澳洲一間高雅的餐廳裏。我們正在渡假，很快便會在一間聖經學院教研討會。那天很好，而且剛好是我太太的生日。我們在慶祝，但那晚的結果卻沒有甚麼值得慶祝。

我不記得那談話怎樣變得不愉快。我們的食物仍未來到，我們談到一個富爭議性的社會問題。我提出一個堅定的立場，對這個立場，我女兒安妮和我有十分不同的意見。我們開始辯論，那張力好像暴風一樣横掃那餐桌。

由於那環境和那慶祝，我沒有高聲說話。不過，安妮卻既不關心那環境，也不理會那是我太太的生日。她很緊張、專注和堅定。我叫她平靜下來，答應在晚餐後和她繼續討論。到了今天，我仍然不知道發生了甚麼事，但她開始哭泣。她的聲音變小，但她的眼淚卻是高聲的。

她說：「你總是這樣做。你高聲和清楚地說出你的立場，我與你意見不同時，你便要我閉嘴。」我知道她有點兒對。我這樣說了，接著又來了另一輪話。她哭著說：「我厭倦了作你的女兒。我們來到一個很好的地方，看到一些真正了不起的事物，但只是因為你在聖經學院教書。我厭倦了人們以為我對上帝抱著和你相同的觀點。我厭倦了人們告訴我，作你的女兒一定很好。我不知道我是誰，因為在每個人——包括我在內——眼中，你都是那麼偉大。」

所有人都沉默不語。我感到自己站在台上，不是在一小羣澳洲人和家人及朋友面前，而是在上帝的寶座前。安妮是錯的。但她也完全正確。她從自己受到的傷害和疲乏説話，她談到我帶給她的害處。我不能夠為自己辯護或挑戰她的主張。我也不能夠保持沉默。我説：「我為自己的生命和勞動所帶給你的東西而感到十分十分傷心。我也因為你不容許我的失敗去阻礙我和你的關係而感到十分自豪。謝謝你，親愛的。在我們都預備好時，我們會再詳談。」

我們也真的這樣做。只要我們兩人仍然有氣息，我們還會繼續談下去。對話令我們能夠不單彼此聆聽，也聆聽從雲後，有時也在我們心跳旁邊所説的話。如果我們因為我們的孩子給我們的對話而喜悦，我們會開始讓他們為我們命名，或許我們會開始聆聽上帝留給我們的名字。

在與我兩個女兒的兩次對話中，我都聽到我是蒙愛的。我有幸在她們心中。我不能夠控制她們，但我有幸能夠得到聆聽，也能夠聆聽；能夠説話，也得到她們向我説話。我的孩子給我罪人這個名字。事實上我是、曾經是、也會是罪人。但他們揭露我的罪，幫助我將自己命名為上帝拯救了的繼承人。我失喪了，但也被找到。我的孩子不知怎的以足夠的尊重尊敬我，讓我可以從他們口中聽到我不單是絕望和有需要的；我也變得成熟，在上帝裏面比在他們生命較早時更被尋獲。他們幫助我在上帝裏面成長。

我的孩子將我命名為有需要和明智的，有罪和勇敢的，愚蠢和高貴的，憤怒和溫柔的。他們將我命名為渴求上帝的男人。

我們考慮對話的力量時，當然必須追求終極的對話。透過禱告，我們會認識所有名字中最重要的一個——上帝的名字。

註　釋

1. 參啟二17。
2. 參詩六十二11~12，NIV，在其中詩人簡潔地描述上帝的性情：「能力在乎上帝。主啊，慈愛也是屬乎你。」
3. 啟二17。
4. 創二19~23。

第十章

神聖的對話

我們的孩子怎樣顯明上帝的名字

多年前，一些好朋友邀請我去用假蠅釣魚，那件事改變了我的生命。我經歷到高貴的美的恩典和能力。移動釣索所需的力量要求韻律而不是粗野的力量，與一條鱒魚的相互作用，是芭蕾舞而不是鄉間的線形舞。經過幾次在世界上其中一條最漂亮的河上後，我完全著了迷。

不久我應邀在蒙大拿州（Montana）一個聖經會議中演講，我知道我不用問那是否上帝的旨意。任何到麥加（Mecca）的假蠅釣魚邀請都是由上帝命定的。在開頭的其中一晚，我拿出我的浮舟和釣魚工具，走到我們小屋後面那二十畝的湖。太陽是橙色的閃光，出現在西面的眾山巔上。我從碼頭划了大約四十碼，凝視西面的地平線。那景色令我驚歎。

我將假蠅放在釣竿上，開始拋出去。我將釣竿收短，過了大約十分鐘，我留意到一羣飛得很快的鳥兒點綴在天空。那些鳥兒那麼有力地飛行，令我驚訝。在幾秒內，它們便不再在遠方翱翔；牠們轉而攻擊我。這時我才發覺牠們不是鳥兒，而是蝙蝠！

我對蝙蝠敏感。而且十分嚴重。牠們把我嚇得要死。我開始揮動釣竿，劃出一個不准飛行的範圍。或許你聽過，由於蝙蝠有好像聲納般的能力，能夠在一毫微秒內避過任何物件，所以我們是不可能打中牠們的。但這不是事實。我打中一隻蝙蝠，牠在離我大約六呎的地方跌進水中。牠浮上水面，極力嘗試找到牢固的踏足處。我是牠惟一的希望。牠朝我移動時，我以釣竿打牠，嘗試將浮舟遠離這攻擊者。

那蝙蝠逼近我。我確定不是牠死便是我亡。我選擇要牠死。我開始重重地擊打牠，很快便成了蝙蝠殺手。在幾秒鐘內，我的魚絲便開始發出聲響，一條魚咬著我的假蠅。我很慌張，只想著一件事：離開水面。立即離開。因此我將那條魚捲回來，不理會將牠給鉤在魚絲上。那條魚被拉到浮舟上時，我拿起魚絲，看到自己從未見過的魚。那不是漂亮、色彩繽紛的鱒魚，而是中間比較厚，沒有清楚的顏色的，我將牠從水中拉出來時，沒有觸摸牠，牠的口張成一個洞。從那時開始，我知道牠是一條黑鱸。我不理它是甚麼；我只想牠離開我的魚絲。

我不喜歡觸摸魚兒。我可以高興地拿著一條十到十五吋的鱒魚，因為它漂亮和優雅；但一條醜陋、張著口、露出牙齒的大魚又怎樣呢？我不會觸摸牠，因此我開始搖晃魚絲，看那條魚會否脫離魚鉤。但我運氣不佳。那魚鉤牢牢地鉤著鱸魚的嘴，我的搖晃似乎令魚鈎更牢固地鈎著魚嘴。這時我頭腦不大清醒，我不假思索，開始好像牧馬騎術表演的明星揮動套索那樣，將魚絲在我頭上揮舞。三次便成功了，那條魚從魚鈎脱落，撲通一聲跌落水中。

我收回魚絲，回到岸上休息。我一到了碼頭，便抓著用具走到通往小屋的小徑。天空幾乎漆黑一片，只有北極太陽柔和灰暗的光線。我在那裏走時，留意到有一個人坐在大約三十碼前的一張椅子上，我祈求他看不見那蝙蝠和醜陋魚兒的大災難，決定不發一言地走過去。不過，我走近他時，他舉起手抓著我的手臂。他是一個比較老的男人，七十多歲，頭髮花白，目光鋭利。從他的口氣中，我可以嗅到廉價的煙絲的氣味。

他說：「孩子，我釣了魚超過五十年。但我從未見過那樣的情況。」我不能反應，他接著說：「我只想多謝你。」我含糊地說：「不用客氣。」然後一直跑去躲避。

接著幾天我都避開那個男人。我和兒子每天早上大約十時去釣魚，直到大約下午一時感到飢餓為止。我們甚麼也釣不到。過了三天，我將艇泊好和拿工具時，我兒子跑去騎馬。那時那個老伯突然走向我。他抓著我的手臂說：「我想你希望孩子釣到魚吧。」

「先生，是的，我也很希望他釣到。經過三天，我們還是甚麼也釣不到。」

他說：「我知道。我每天都看到你大約在中午釣魚，我懷疑如果我甚麼也不說，你整個星期都會這樣做。很明顯你對釣魚所知不多。」

「我想那天黃昏已經證明了這點，」我說。

他輕輕地笑著說：「魚兒在中午是不咬魚餌的。你要一早出海，大約在早上六時，或者好像那天黃昏那樣晚。帶你的孩子到岸邊近蘆葦的地方，然後離開碼頭大約三十碼，那裏有跌落的木柱和很好的遮掩。用這兩種方法，在六時前出發，你的孩子便會釣到一些魚。」

我高興得想親吻他。我有正確的魚餌，最好的地點，正確的時間，感到自己是世上的王。我告訴安德魯我們收到的禮物時，他高興得不得了。我整晚輾轉反側，害怕自己聽不到鬧鐘聲。

早上終於來到，我們出發。我們在那兩個地點釣了幾次，經過超過二小時後，我感到憤怒和疲倦。每次安德魯將魚絲拋出，我都知道就是「這一刻」，每次他將魚餌從水中拉上來，我的心都沉下去。這種盼望和失望的重複一直延續到大約上午八時。是時候和太太及女兒會合吃早餐了。我感到十分憤怒。為甚麼上帝不能給我們一點兒恩惠，給我兒子一條魚？祂將紅海分開，令耶穌從死裏復活，但我們父子誠懇地釣了兩小時魚卻一無所獲。由於安德魯和他父親一樣不擅於釣魚，我決定結束那場鬧劇。

我告訴兒子是時候走了。他看著我，彷彿我取去他生命中其中一份最好的禮物。他懇求我：「爸爸，再等十分鐘才走好嗎？」

我說：「不。現在就走。走吧。」

他再次要求：「爸爸，求求你。我能夠多拋幾次魚絲嗎？」他一定看到我的表情，因為他很快地說：「爸爸，求求你，多一次吧。」他知道他在冒激怒我的危險，但他是那麼渴望，所以不能夠閉嘴。

到目前為止，這個故事對我來說都完全合情合理。不過，接著的一刻卻很難解釋。既不是用能夠聽到的聲音，但也不是好像我的心對自己，上帝的靈對我說：「你殺了自己心裏的盼望。你是不是想連你兒子心裏的盼望也殺死？」我的反應快速而憤怒：「似乎對**祢**的盼望今天不能夠將我們帶到甚麼地方！」聖靈的聲音同樣快速。祂說：「如果你那麼肯定我不在場，為甚麼你想傷害我。你想得到我多於一條魚。」我幾乎跌出船外。我看著兒子的面，我知道自己不能夠拒絕他，我也不能夠繼續憎恨盼望。我說：「安德魯，你可以多拋魚絲五次。」他也這樣做。

在第四次時我感到難受。十分難受。聖靈——或者我自己殘缺的頭腦——以盼望煩擾我，我相信祂或自己，實在是太愚蠢了。我的兒子開始拋第五次，我轉身將船槳放在船上，開始划回岸上去吃早餐。我聽到魚餌接觸水面後幾秒鐘，安德魯高聲喊叫：「爸爸！停下來！看！」他的魚竿彎曲得快要折斷。他用力拉，我叫他稍為放鬆，然後再拉起。他照做。接著水裏甚麼動靜也沒有。他鈎到一條木。我再次轉過身，他再喊叫：「爸爸！看！」我再次轉過來，看見他的魚絲在水中斜斜地移動。他釣了一條大魚。他和那條魚搏鬥了大約五分鐘。我兒子的小手臂愈來愈疲倦，魚竿危險地朝水面移動。我叫他將魚竿交給我，讓我幫助他。他鄙視地看著我說：「甚麼？讓你可以好像那晚那樣將魚帶來去嗎？」我決定讓他自己承受。

他漸漸令那條巨獸疲倦，將它帶到艇上。安德魯提起魚絲，我們看著一條三十一吋長的白斑狗魚。我個人不喜歡自己幾晚前釣到的鱸魚的樣子，但這條白斑狗魚的牙齒把我嚇得要死。安德魯努力將魚從魚鉤脫下來。我們量度一下那條魚，然後將它拋回海中，可惜沒有照相機將它拍下來。

我們回到碼頭，我的兒子說：「爸爸，我們有上帝，是嗎？」他以前從未說過這樣的話。我說：「兒子，是的。」我同時感到捕魚的快樂，自己不信的羞恥和我兒子那智慧話的微笑。接著他說一些令我目瞪口呆的話。他說：「我知道上帝的名字。」他沒有看著我，他說那句話也不是要告訴我甚麼。他說那句話似乎是要標誌著自己生命中一個重要的時刻。我打斷他的思想，要他告訴我上帝的名字。他說：「我的上帝名叫第五次拋竿的上帝。」

禱告和我們往往想到的不同。那不單是在我們向上帝求一條魚或拯救我們的孩子的時候，而主要是在我們進入對話，令我們知道祂——和我們自己的名字的時候。禱告是與上帝活絡起來的陣痛和分娩。它不是要異常整齊或者特別恭敬。事實上，聖徒的禱告是精力充沛、憤怒、懼怕、責備、尊崇和誠實的。我們不能聽到上帝，直到我們在禱告中與祂交往。在我們身為父母所做的事情中，最重要的是為我們的孩子禱告，並與他們一起禱告。因此，我們當然必須回答這個重要的問題：禱告是甚麼？

渴望的對話

禱告是在上帝面前說出渴望。它是救贖的呼喊，總是始於坦白承認上帝既在場又缺席這令人憤慨的事情。如果祂在場，完全投入，已經活躍和無所不知，為甚麼我向祂呼喊？禱告是一個污穢的祕密，迫使我們提出信仰中最困難的問題：「祂是否在場？祂是否聆聽或關心？我禱告或不禱告，會不會有任何分別？為甚麼我關心？為甚麼我不能逃避祂？」

無論我們承認與否，禱告都是關於我們所有人每天都問的兩個核心問題的對話：「我是否真的蒙愛？」和「我可以為所欲為嗎？」我禱告時，往往試圖得到上帝的愛和祂准許我做我想做的事。我禱告時，是祂仁慈的機會邀請我進入我內心遠為深刻的渴望。我確實渴望祂的愛，我希望實行祂的旨意。禱告引起內心最深刻的問題，然後給空間讓上帝說話。

我和兒子去釣魚那個早上，我禱告了幾次。開始時我祈求安全，祈求有豐富、值得回味的時間，當然也祈求能夠釣到魚。安德魯和我很安全；我們一起的時間的確難以忘記；

我的兒子釣到一條魚。而那天我是上帝釣到的魚。那天早上我也有幾次在禱告中指控上帝或者變得漠不關心。我禱告，並使自己的心剛硬起來；我禱告，並聽到聖靈的仁慈。禱告的讚美和光輝，可以是雄辯和有格調的，它也可以是粗聲粗氣和吐出血和爛牙的，但無論怎樣，真正的禱告都尋求上帝的臉和名字。

禱告吸引上帝屈身聆聽我們含糊地說出的渴望；禱告將我們提升到上帝的寶座，與祂面對面談話。那是渴望的對話，吸引我們到與上帝的親密和對祂的敬畏，是透過其他方法所找不到的。如果我們選擇在上帝給我們的孩子的奧祕中堅持，我們只有透過禱告這樣做。禱告至少包括四件事：將我們所愛（和所恨）的人的臉提升到上帝那裏，聆聽我們靈的痛苦，思考我們聽到的話，然後歡迎我們收到的恩賜。

將臉孔提升

身為年青信徒時，我有差不多二十年都嘗試按自己接受的教導禱告。人們將「敬認感求」（ACTS）這個模範禱告教導我，這四個字代表敬拜、認罪、感謝和祈求。它令禱告有效率和有組織。也令我大部分時間都對那經驗感到沉悶和厭煩。我仍然使用這個結構，也將它推薦給別人，但那時卻缺少了一些東西。

在一九九〇年代初，朗文和我開始寫一本改變了我生命的書：《靈魂的呼喊》（*Cry of the Soul*）。我的生命因為我父親的去世、朗文導師的去世和我的事業和友誼展開而變得混亂時，我們寫下這本書。那時我開始以一種改變我生命的方式禱告。那時我也開始用假蠅釣魚，並發現禱告只是另外一種遊戲的形式。由於那混亂，我不能夠坐下，合起雙手，安靜地將我感到愚蠢和空洞的話提到天上。相反，我爭論、大吵大鬧、懇求、勸誘和哭泣。

靜靜地吵鬧和哭泣是困難和愚蠢的。我厭倦了自己那些沉默的內心獨白。我發覺有幫助的是大聲說話，有時甚至高聲呼喊。我向自己說話，向父親說話，向我破裂的友誼說話，向我太太和孩子說話，我不時說：「上帝，如果祢在聽的話，在祢想時加入我吧。」我知道這似乎很荒謬，但禱告的一部分畢竟是談話。

我學到很多東西，特別是當我在禱告後回到辦公室開始寫作時。有時寫作就是禱告。在其他時候，那是以散文、詩、小故事、一本書的一章或只是嘗試用文字記下我聽到上帝向我說甚麼的方式來吵鬧。

在那些時刻，我突然想到禱告是將我所愛和憎恨的人的臉，提升到上帝的臉。是臉孔令我們最個人、獨特和有人性。那是我們的身分。觸摸敵人的臉是令人反感的。當時我有幾個清楚的敵人，我想鄙視他們的臉；我肯定不想溫柔地觸摸那些深深地傷害我的人的臉頰。將他們的臉提升到上帝那裏，似乎是一個註定會壓碎我的奉獻。但它的效果剛好相反。它給我自由（有時）關心和獻出我的禱告，將它當為恩賜，將不聖潔地混合了謙卑和憎恨，渴望和要求，失望和盼望獻給宇宙的上帝。

在那禱告的覺醒之前，我會就我所愛和憎恨的人說幾句話，然後結束，並知道自己沒有甚麼分別。我盡責地忠心，但那活動只帶來廢話和雜質。但一旦我想像朋友或敵人的臉孔，我便感到發自內心的不同。我將雙手放在那人的臉上，集中注意他的眼睛時，我便感受到自己對那人的感覺，以及我懷疑他對我的感覺的所有力量。然後高聲說出他的名字，安靜或高聲地思想他的臉孔，會令我記起他的故事、掙扎、力量和軟弱。我往往感受到他的心痛和憤怒的力量，或者聽到我們偉大的上帝對他的熱誠——我很難不和上帝一起祝福那些憎恨我的人。

很快我便以更大的熱誠和渴望為那些傷害我的人禱告。我最終突然發現，我為那些傷害我的人禱告，比為我自己家人禱告更多。因此，我開始提出我孩子和太太的名字，將他們的臉提升到上帝那裏。禱告變成獻讚美和渴望的祭，以那人的臉為祭，獻在上帝的愛那熊熊烈火之前。

聆聽痛苦

將一張臉提升到上帝那裏，是將一個人最親密的東西交給上帝。那不是要求洞見或改變。那不是向我們頭腦中空白的沉默乏味地重複同樣的話。那是呼喊，將我們的敵人、朋友、兒子、女兒、配偶帶到上帝的寶座前。在那提升中，我對自己的驕傲、要求和恐懼找到和聽到新的層面。我聽到討價還價和誤解這些黑暗的話。我愈在上帝面前呼喊，便愈感到渴望成為自己所不是的人，以及認識上帝那甜美的痛苦。或許更奇怪的是，我聽到關於我為他禱告的人的傷害、渴求和盼望的新事情。那就是將別人的臉提升到上帝那裏的力量。

上帝在痛苦中。祂在內心得不到回報的渴望中。如果我們拒絕聆聽聖靈的歎息，我們不能期望能夠聆聽上帝。如果我們凝視別人的臉，我們會感受到那痛苦。如果我們願意看那深鎖的眉頭，額頭的皺紋，眼中的恐懼，假裝在笑的口，我們便可以將我們的傷害和疑惑提升給上帝，而不是假裝它不存在。

我很少被放逐到內心深刻的痛苦中，是好像那天我在女兒被捕後趕到警署那樣。在第三章結束時我寫道：

> 我從碼頭走三百碼到警署時，我求上帝幫助。祂向我說話——不是以能夠聽見的聲音，也不是以戲劇性的徵兆，但確實說話。祂說：「你會給你女兒憐憫還是審判？丹，那會是甚麼：我的溫柔，還是你的憤怒？」

我一直在走時，每一步都令我更接近羈留室，更遠離我女兒。我進入我太太正在那裏等候的建築物時，停下來，閉上眼睛，想起我十七歲的女兒的臉孔。我用雙手捧著她的臉孔，將它提升到上帝那裏。我也抬起自己的臉。難怪上帝對該隱說：

「你為甚麼變了臉色呢？」[1]祂為該隱替那張臉命名，給他機會將那張臉帶到它的作者那裏。該隱拒絕了。我會拒絕嗎？

麗貝卡和我被引到一個小房間，一個囚室，有厚厚的金屬門，包括一個長方形的開口，可以看到裏面的空間。我看到我女兒面朝那開口，她雙眼濕潤，很是害怕。那道門打開，我走進去。她沒有站起來，但卻看著我的臉。我不知道她看到甚麼，但她倒進我懷中，開始哭起來。她變成小女孩，眼淚從臉上滾下來。

警察架起照相機拍攝大頭照，並預備墨打指模。他高聲讀出我女兒的控罪，然後將她交給我們照顧。她在汽車上運載一瓶打開的伏特加，而且是在學校的範圍內被發現。她有很大的麻煩。我們一知道控罪最初的細節後，我可以感到太太繃緊，我女兒緊張起來。第一個打擊來得很重。不過，要將我們孩子的臉提升到上帝那裏，我們必須先願意聆聽那痛苦和指控。我從阿曼達的臉孔可以看到她預期我們有問題、怪責和攻擊。

我太太最初的問題混合了要求提供細節和對羞恥的不安。我轉向她，她因為受傷和憤怒而顫抖。我將雙手放在她臉上說：「我們現在要不是相信福音，便是拒絕它。我們要不是活在恩典中，就是選擇審判。」我將太太和女兒拉到身邊，和他們擁抱，在短短的一刻，那痛苦交了給上帝。禱告永遠都沒有完結。它肯定永遠不會完成，如果我們只是提升和聆聽。然後我們應邀思想我們聽到的東西。

思想那些話

禱告是在上帝面前反覆思想。正如牛不斷咀嚼它反芻的食物一樣，我們也要嘴嚼那些話和上帝的話。默想表示思考。我們需要讓思想在我們裏面滾動。我們只需要考慮擔心這個具破壞力的習慣，便能夠知道默想涉及甚麼。擔心是思考的偽裝。

我們擔心時，是在重演。我們回到犯事或關注的一刻，將那環境時間延長。有時我們在思想中回到這特定事件開始之前。接著我們回到那談話或事件，重演那些對白、細節和面部表情。然後我們想到自己希望自己說了或沒有說甚麼。我們怪責。我們解釋。然後我們跳到未來，開始找出含義和後果。我們開始看到其他會聽聞這相互作用的臉孔。很快事件便擴展到羣體，影響到我們的聲譽。我們開始進行計劃和想出反駁和藉口。不久，那擔心的人便變得多疑和疲累。擔心往往引致更複雜和較沒有理性的行為。

擔心是一種思考，既沒有將臉提升，也沒有聆聽那痛苦。相反，默想是將一個思想、形象或詞語拿在手裏，一再反覆轉動，或者在作為我們焦點的單一方面，帶到上帝的深度、闊度、高度和廣度中。如果我們停下來，看著其中一面，然後看另一面，直到我們根據永恆看一件事件，然後每一刻都會說來自上帝的話。那既不是法術，也不是神祕主義；那只是看見。上帝將祂的存有散播在整個宇宙，在每塊石頭、每片花瓣和每張臉上留下記號。上帝深情地雕刻在每一個處境，特別在我們孩子的臉上。

我的孩子每天都向我說話。我往往好像父母式理財家那樣聆聽他們，決定他們能否額外得到十元或可以在黃昏使用汽車。但當我在禱告中聆聽和思考他們的話和臉孔時，那卻是不同的。我只有在記下一些打算在禱告中帶到上帝面前的說話時，才能夠這樣做。我只有將我的孩子當為要與那最能夠幫助我詮釋我的孩子的一位一起研讀的文本那樣研究時，才能夠這樣做。我只有將文字寫在紙條上，然後在思想的經文匣中拿著它們，以感受說出話時，才能夠這樣做。

沒有甚麼受造物或創造比我們的家庭更值得我們思想。做筆記。保存一本札記或祈禱簿。將時刻和談話互相參照。如果我們願意每個月載小伙子一千哩，讓他上各種課，參加日光之下的各種學會和體育活動，為甚麼不至少利用在車上的時間視他們的話為寶貴的禮物？我們是透過我們孩子的話和他們的臉這道門，進入君王的院宇的。

歡迎那恩賜

花點時間重訪蒙大拿州那個湖吧。安德魯和我划回岸邊時，我知道我見證了有人在水面上行走。上帝揀選了一條好像怪獸般難看的魚，來勾在一個小男孩的魚鈎上，藉以將上帝的名字交給那男孩。更重要的是——至少從我的立場來說——這樣將那男孩那個在亂踢和呼叫的父親，拉到他自己內心那陰暗的深處，讓他看到上帝那榮耀和不容置疑的仁慈。

我的兒子給我上帝的恩賜。

和我一起回到現在吧。我們三人站在警署外面。我走到較早時運載那瓶伏特加的汽車時，我女兒問我會否駕駛。我看著她說：「不，那是你的汽車。我已過了漫長的一天。」她看著我，開始笑起來。她說：「我也是。你駕駛吧。」她將鎖匙拋給我，我們駕駛，跟進大家當天發生了甚麼事。我們回到家裏時，我看著阿曼達說：「這要不是你一生中最可怕的日子，就是你一生中最可畏的日子。你很可能會受罰不准外出幾個月，如果不是更長時間的話。你怎樣處理特權的喪失，法律後果以及那羞恥，很可能決定你會成為怎樣的人。看你內心吧。」她的微笑和明晰的眼睛給我上帝的恩賜。

在我們多大程度上願意接受我們的孩子作為上帝給我們的恩賜；他們便在多大程度上養育我們，令我們好像上帝那樣成熟。我們不能成為那人，除非我們歡迎我們的孩子回家。我們不能歡迎他們回家，除非我們自己也回家。雖然可能顯得古怪，但我們是藉著邀請我們的孩子回家，才能夠面對我們離上帝多麼遠。在我們生命的故事中，誰是浪子？誰才是自義的長子？我們在**同時**成為浪子和長子時，蒙召實行最認真和永恆的養育兒女行動：擁抱上帝恩典的自由。

註　釋

1. 參創四6，RSV。

第十一章

歡迎恩典回家

要成為偉大的父母，我們必須接受甚麼

那通電話很糟地結束。一位傷害了我，打電話來道歉的朋友將電話掛斷。我安排了一位兩人都認識的朋友加入傾談，作為緩衝。那個電話後，那位朋友說：「你需要做的是告訴他，你已經原諒了他，然後歡迎他回來。但你卻要求他證明不會再傷害你，然後在他面前將門大力關上。」

我與他爭論。我重述這位朋友對我的所有傷害，以及他仍然可以怎樣傷害我。我們這位朋友以仁慈和有說服力的方式說：「你的關注是合理的，你尋求的保證也有道理。但那也不能改變你在他面前將門大力關上這個事實。」

接著停了下來。我們之間的沉默持續。他的聲音平靜而誠懇：「花幾天或你需要的時間長度吧。你感到很多傷害和出賣。對不起，我沒有發覺那痛苦多麼深，但你需要坐下來，看你眼中有甚麼。」我們掛斷電話，我感到討厭、受指控、罪疚和孤單。恩典等待；我逃跑。

恩典是有溫柔的觸摸和有力及強壯手臂的女士。她是公義的戰士。恩典不是柔軟和脆弱的，她也不魯莽或粗野，而在接受的時刻，她的同在是十分仁慈的。她接受我們，但卻沒有商議，也沒有傾向將我們置於舒適的基座。相反，她藉著在我們回家時雙手擁抱我們，完全控制我們的存有。我們必須對恩典的本質有視覺的形象。最能夠反映上帝父親的形象的，是在兩個兒子的故事中找到的恩典。這個故事往往稱為浪子的故事。

> 相離還遠，他父親看見，就動了慈心，跑去抱著他的頸項，連連與他親嘴。兒子說：「父親！我得罪了天，又得罪了你；從今以後，我不配稱為你的兒子。」父親卻吩咐僕人說：「把那上好的袍子快拿出來給他穿；把戒指戴在他指頭上；把鞋穿在他腳上；把那肥牛犢牽來宰了，我們可以吃喝快樂……
>
> 那時，大兒子正在田裏。他回來，離家不遠，聽見作樂跳舞的聲音，便叫過一個僕人來，問是甚麼事。僕人說：「你兄弟來了；你父親因為得他無災無病的回來，把肥牛犢宰了。」大兒子卻生氣，不肯進去；他父親就出來勸他。他對父親說：「我服事你這多年，從來沒有違背過你的命，你並沒有給我一隻山羊羔，叫我和朋友一同快樂。但你這個

兒子和娼妓吞盡了你的產業，他一來了，你倒為他宰了肥牛犢。」父親對他說：「兒啊！你常和我同在，我一切所有的都是你的；只是你這個兄弟是死而復活、失而又得的，所以我們理當歡喜快樂。」[1]

這段經文邀請我們看恩典實行三種我們十分需要的功能。她等候，她奔跑，她舉行宴會。

恩典等候

等候是生命其中一個要求最高的任務。它令我們大部分人感到焦慮或憤怒。沒有甚麼比排著隊，而收銀員則動作緩慢、心不在焉、懶洋洋地將貨品一件一件地經過掃描器更令人難以忍受。除了等候外，甚麼也不能做。但很少人耐心和懷著期望地等候。一般人都心急如焚地等著買東西，讓自己可以開除那個嘟著嘴的動作遲鈍的青少年。但上帝不是這樣。

耶穌的故事中所描述的那兩個屬神的孩子，上帝兩個都等候。上帝等候浪子，毫無理由地盼望今天祂的兒子會回來。故事中的父親離遠便看到自己的兒子，是出於偶然，還是因為他在外面張望？他可能在張望，表示他心裏懷著盼望等候，雖然他的兒子很可能一去不返。這幾乎是病態的——不會放棄的父親，他不承認現實，然後加以接受。

我們也看到父親同樣願意等候大兒子。宴會開始了。

人們在切牛胸，好酒在傾倒，音樂和舞蹈在熱烈進行中。但沒有人走出去，邀請長子放下工作，加入慶祝。父親沒有派僕人去找長子。如果他這樣做，當時的文化慣例要求大兒子加入宴會。人們不會拒絕家長的命令。但父親等候，讓罪滋長，讓憤怒爆發，當大兒子在沒有獲邀請下回到家裏時，他聽到父親心裏因為浪子回家而感到高興。

想一想這點是十分重要的。上帝等候罪回家。祂容許罪滋長，以至人們可以面對它和測度它的代價。太多父母太快從孩子那裏驅走孩子的愚蠢想法。但聰明的父親等候。他不急於揭露罪，也不採取極端措施拯救孩子脱離自己的愚昧。相反，他等候。他沒有硬下心腸或拒絕每天向遠處看，等候自己失喪的孩子——無論是浪子還是自義的長子——回家。聰明的父親等候。

恩典奔跑

父親看見小兒子回來，他仍然在遠處，於是父親高興地跑起來。這沒有任何得體或高尚之處。在當時，典型的父親不會以歡迎丟臉的孩子回家來令自己蒙羞。他會等那個羞愧的兒子跪下來懇求他饒恕。如果兒子贏得父親的憐憫，他最多可以期望取得僕人的地位。浪子想像自己懇求父親「把我當作一個雇工」[2]時，心裏正是這樣想。回來的兒子會成為契約僕役，直到他還清債務為止。由於這個兒子已經得到父親的一半財產，還債表示他要一世為奴。

但事實剛剛相反。在等候的父親提起長袍，跑到兒子那裏。在當時，提起長袍這樣充滿愛地跑，會令一個男人引起羣體的嘲笑和非難。男人從不公開露出自己雙腿，除非是在戰爭之中。只有那時才可以毫不害怕羞恥地「束起腰」。但父親不理會別人的嘲笑。他恐怕兒子已經死去，但現在他仍然在生！明白快樂的人都不能夠安靜地坐著。他們奔跑、跳起、轉動。他們奔跑和跳舞。

但留意父親對從沒有離家的大兒子的行動所顯出的對比。面對小兒子那大膽的罪行——嫖妓——父親必須等待罪人回來，然後跑去迎接他。面對大兒子那隱晦的罪——自義這種「嫖妓」——父親必須等待罪人，然後走到他那裏。父親對大兒子的回應不是不受控制的歡樂那種完全放縱；而是穩定、堅定地追蹤真正的罪犯。故事的曲折是令人吃驚的，有罪的浪子清醒過來，作出可憐的道歉，完全得到父親接納，只是次要。這個故事實際上是關於父親對自義、疲倦、憤怒、自負的大兒子的心。這個故事是關於天父對你和我的心。

我們很少人好像那荒唐的浪子那樣經常犯無恥的罪。更多時候，我們在邊沿未開發的土地勞動，疲倦、受傷、失望，靜靜地叛逆和不感激。我們沒有被我們的罪公開羞辱，而是抗拒為了後悔和悔改的罪人而歡慶的聲音。從路加的記述，我們不能說大兒子回家的時候很情緒化；但我們知道他充滿怨恨。我們知道在大兒子有罪的狀況下，父親找到他。

那對話是令人苦惱的。父親提問、邀請和請求。他謙卑下來，讓大兒子鄙視自己。他是被回絕的那個，但卻繼續不斷追尋這個自義的人。恩典並不催迫或要求。它繼續逗留。它以尊重但堅定的舉動等候。但大兒子仍然侮辱父親！

恩典不單永遠不會對人硬心，她也不會拒絕在機會來到時走近罪人擁抱他。一個兒子回來，另一個兒子離開——父親以與兒子的心相稱的行動追尋兩人。但父親不會以責備、羞辱或要求迫大兒子道歉。相反，他會邀請他加入宴會，然後回去慶祝。

恩典舉行宴會

宴會是愚蠢的事情。它引人注目，這件事很少好像你希望那樣。有賓客名單。你不能夠邀請所有人都來，因此有些同伴會受到傷害。你要為客人安排座位，但是根據優先次序還是性情？誰應該和家長坐在一起？誰應該坐在桌子最遠之處？短短幾呎已經往往決定忠誠和政治命運。你也必須考慮食物和飲品。隨便和簡單還是精心挑選和昂貴？炸雞柳還是烤裏脊牛排？還有合適的衣著這個問題。永遠都不要相信南方人說：「衣著隨便便可以了。」衣著是最重要的。一件事件的意義愈重大，事件便變得愈困難。宴會是以很多工作和社會政治活動換取匆匆吃一些小食和簡短的妙問妙答。

如果沒有爭執，也沒有掉了太多碟子，宴會便算成功。

如果男主人和女主人可以坐下來放鬆一會兒，宴會便十分成功。很多人情願不參加或出現，離開時也不讓人注意。宴會是大事，我們都知道大事的成本高而回報低。出錯的可能性比一切都妥當大得多。

這個十分高興的父親舉行的宴會也是這樣。想一想那些客人。他們會是那羣最初認為父親將一半家產分給小兒子是愚不可及的人、家人和朋友；然後他們又認為他迎風提起長袍跑去迎接小兒子則是更愚蠢的舉動。他這樣做一定是瘋了！不過，他仍然是富有、十分有權力的地主。拒絕富有的人的食物和飲品是不明智的，特別是當那個人精神不健全的時候。而且為甚麼不參加呢？或許大兒子會從房間走下來，喝醉酒，手裏拿著刀。在這瘋狂的一天或許父親的葡萄園所出產的最好佳釀會被提出來。我們大部分人參加都只是為了看那奇景。

但這個宴會令人吃驚的是那父親的高興。它不是歡慶地上耀眼的成就；它只是歡慶生命。兒子死而復生。他真的悔改嗎？就即時來說，又有誰關心呢？重要的是兒子回來了。明天我們便要開始計算代價了。

為了自己的罪而擁抱恩典已經夠困難，對那些被這悔改的罪人、這個歡慶的主角傷害過的人，這更幾乎是不可能的事情。在我屬靈旅程的早期，我喜歡浪子，為父親而讚歎，鄙視大兒子。現在我發覺我對父親感到困擾，鄙視浪子，十分同情大兒子，他無論怎樣都受到批評。恩典是不理智的，但卻是一個很好的故事。它觸及每顆心裏面的一些東西，但它是不實際，甚至令人反感的。上帝的宴會比我們每隔大約十年便在電視看到的那些不容變更、華麗而俗氣、浪費地奢侈的英國王室婚禮更糟。上帝的宴會正是歡慶生命；它是復活的華麗展示。但我們在世上怎樣與我們的孩子活出這歡慶？

盧雲（Henri Nouwen）在二十世紀其中一本最好的書《浪子回頭》（*The Return of the Prodigal Son*）中，請我們留意，我們活在**同時**身為浪子和大兒子之間的張力中。我們很容易走到極端，濫用憐憫和溫柔的良善（好像浪子那樣）以及能力和公義的要求（好像大兒子那樣）。不認真對待憐憫可以引致忽略失敗，透過過度的感官陷入准許和沉迷、縱容和貪欲。至於在另一個極端，正確地創造秩序和結構的能力，可以過緊地變成被法律束縛的嚴厲，窒礙感激和快樂。這樣一面倒地依附公義，產生大兒子的怨恨。

我們蒙召成為在孩子越軌後歡迎他們回家的父母。我們的呼召也包括在家裏，當孩子躲藏在他們的妒忌和自義時，追尋他們。但我們不能夠歡迎或追尋犯錯的人或被冒犯又犯錯的人，除非我們知道被上帝追尋是怎樣的。只有當我們經驗過被上帝這樣追尋，我們才會跑向浪子和走向大兒子。上帝是我們完美的父母，有憐憫和能力的神聖平衡。我們是浪子**和**大兒子，如果我們接受自己同時是兩者的真理，我們可能聽到上帝邀請我們參加宴會。[3]那時，而且只有那時，我們才會成為我們應該成為的父母。

浪子般的父母

我是浪子。我的欲望和我早上的口氣一樣四散、矛盾、黑暗和無盡。但我欲望的主題和所有渴望的主題一樣普遍：我想要伊甸園。我想要一個世界、一個生命——太太、孩子、家、帆船、工作、朋友、金錢——會將我從這苦難的幽谷中帶走，將我放在愉快的永恆的榮耀中。我想得到上帝。我只是不想要聖經的上帝，祂在我被擄時似乎無所事事，沒有急於結束麻煩的今天，開展新的一天。

我們必須承認我們深刻、自我專注地沉迷於作宇宙的中心這種罪。向事實點頭是一回事；承認我們不能出席鋼琴演奏、足球比賽、家長父母會議或教會聚會，而又不討厭地感到最先闖入那空間的是我們的自我中心，則是完全不同的現實。這不是受歡迎、肯定自尊的觀念。它不單不好，簡直討厭。

我的兒子在曲棍球比賽中擔任球門員，而你的兒子那一隊已經入了兩球時，我不能看著你的孩子入球而真的感到高興。我對防守球員感到憤怒，他沒有阻止射手。我對教練也感到憤怒，他呼喊得不夠。坦白說，學校的制度將曲棍球當為學會運動而不是由學校贊助的隊伍，令球員不能有更多教練、設備和訓練，令我不大高興。當你這樣想下去時，我也因為我太太的家庭沒有加多一點運動基因給我的孩子而生氣。

我小器。我脾氣不好。我是受害人，歸咎別人，從來都做得不好，我不喜歡看到自己內心。我寧願向球證呼喊，和另外一個父親說別人壞話，吃熱狗和喝汽水（祕密地想有些更強烈的事情），然後回家看電視，將一切忘記，令自己疲倦，睡個痛快。

我需要與一個事實搏鬥：我很想有一個會為我得許可和沉迷的日子付代價的父親。在每個罪人心裏都隱伏著一種要解脫和躲避的衝動。有時我們藉著在體育比賽時太高聲呼喊，或者低聲談論我們令人沉悶的牧師，或者多吃一隻熱狗而這樣做。我們有無數方法縱容自己的欲望而不被留意。有時我們大量「純真的」沉迷最終帶來更多公開的罪行。

我和無數男女坐在一起，他們托著頭承認自己有婚外情，在網上瀏覽色情網頁，有不恰當的情感糾纏、商業罪行及其他罪。他們開始計算他們期間所做的微小決定的代價。浪子對配偶、工作或朋友所作的選擇的有害影響，往往增加得很快和很激烈。稍後孩子才在房間出現，顯得驚訝和難以置信。我和一個男人坐在一起，他連續幾小時都在與自己的婚外情搏鬥，我問他：「你會告訴你的孩子甚麼？」他面色變得蒼白，結結巴巴地說：「我從沒有想過。我從沒有想過要對孩子說甚麼。」

是不是因為他的孩子那麼不重要？剛好相反。我們的孩子反映了我們在地上最好和最壞的時刻。他們為我們命名，遠多於我們為他們命名。這種純真的能力應該可以在我們的路上使我們停下來。

承認我們是浪子般的父母，就是和使徒保羅一起呼喊這三個重要的問題：

> 我真是苦〔苦的人，苦的父母〕啊！誰能救我脫離這取死的身體呢？[4]
>
> 死啊，你的毒鈎在哪裏？[5]
>
> 因為我們……都有基督馨香之氣……這事誰能當得起呢？[6]

我是一團糟，而我所是的一團糟已經得到救贖。我在這兩個世界——一團糟或獲救贖的一團糟——中間，身為父母怎樣生活？在任何時候，養育兒女都涉及三種對我們孩子的核心態度。

苦的父母

我兒子和女兒所做的事，沒有甚麼是我沒有做過，或者如果有機會的話，只要保證不會被抓到，便也會做的。另一種表達方法是：所有罪都是常見，而且所有人都可能會犯。[7]因此我們不能有因為我們孩子自我中心、沉迷的偶像崇拜，而感到震驚或失望的奢侈。那偶像崇拜源自他們父母的種子。而且如果我們已經被判同樣有罪，我們也不能判斷他們。我們怎樣處理自己的失敗？這是決定我們怎樣養育孩子的核心問題。如果我們縱容罪疚感，培養為了自己的罪而譴責自己的心，我們便會容許我們的自我憎恨影響我們的孩子。另一方面，如果我們安息在上帝赦免我們的罪的擁抱中，我們便會更傾向將上帝的憐憫的仁慈給予我們的孩子。

死亡已經死了

我兒子和女兒所做的一切都不會改變上帝的計劃和熱誠。最終，生命中是沒有錯誤的。可以肯定的是，有罪和失敗，但卻沒有錯誤。刻在個人生命文本中的東西，沒有甚麼最終不是由憐憫的上帝書寫的。懷有私生子並不令祂的故事中途改變。我們的夢想破碎或產生，我們所愛的人的仁慈和忠誠，都是我們天才的上帝的手筆。死亡已經死了。因此我可以以永恆倒轉的視覺看短暫的生命。我可能不知道結局，但我知道結果是怎樣的。而結果是好的。因此我身為父母的日子的結束，最終會是上帝來臨的好結果。有了這個好消息，我不單可以忍受我的苦那屈辱，也可以懷著信心安息在他的再來中。

這任務誰能當得起呢？

我們說過父母蒙召將上帝的性情反映到他們孩子的生命中。我們也看到，無論我們身為父母做甚麼，都一定會失敗。那麼誰可以當得起上帝給我們的任務呢？不是我，也不是你，無論我們有甚麼生命轉變或內心改變。但上帝能夠使用我們承認浪子狀況那謙卑，將我們的孩子吸引到每一顆心最深的渴望——渴求認識上帝。祂能夠使用我們要求走自己的路，這種浪子的憤怒，向我們顯明我們更深地渴望祂的旨意，而不是我們自己的旨意。「我是否蒙愛？」和「我可以為所欲為嗎？」這些核心問題對我們和我們的孩子都是不能逃避的。如果我們只進入活在兩個問題之間的張力中，就是邀請我們的孩子，與惟一完美和能夠完美地回答這兩個核心問題的天父搏鬥。

阿曼達年紀頗小時，她問我太太：「媽媽，你總是那麼聰明，還是在有了我以後才是這樣？」那是多麼甜美，但又是可預期地（對小孩來說）以自我為取向。我記得太太撫摸著阿曼達的臉孔，十分高興地笑著說：「親愛的，你教了我怎樣作你媽媽。事實上，在你告訴了我，我多麼了不起後，你通常都要多一杯雪糕。多謝你那麼好，還有，你不能再要雪糕。」

你是否蒙愛？我們愛你，因為你而喜悅（至少大部分時間都是這樣）。你可以為所欲為嗎？不，不是不變的規則、要求或權利。誰回答這些問題時可以沒有瑕疵、一致、在其中一個問題更重要時不違反另一個？我們沒有人可以這樣做；只有上帝可以。不過，即使我們跌跌撞撞地嘗試這樣做，也能夠讓我們的孩子一嘗上帝。我們真的是救贖我們的浪子性格那一位的香氣。

好像大兒子的父母

如果我是浪子般的父母，毫無疑問，我也是好像盡責的大兒子那樣的父母。他努力工作，守規矩地生活，不要求甚麼回報。他對那些成功的人感到怨恨，對那些沒有那麼幸運的人心存輕蔑。如果我們很難看到自己是浪子，我們便幾乎不可能面對自己自義這種疾病。

或許我們聽到自己說：「那十分不公平！我為你做了那麼多，但你卻這樣對我？」時，大兒子的聲音最高聲地在我們裏面迴響。我們不單對我們的孩子，也對我們的教會、配偶、上司、朋友甚至敵人有這種感覺。「我沒有對你怎樣，你怎可以這樣對我？你甚至連我的故事也不知道，怎可以說這樣可怕的話？」

大兒子熱切要求對等，公平總能夠根據一個論述來衡量。我們可以數弟弟得到多少隻肥牛，並比較我朋友和我享受多少嫩牛肉。你有五隻，我甚麼也沒有。我的呼喊直達天上：「那並不公平！」

上帝也同意。其中一個令人最困擾的比喻，是關於葡萄園主在早上以確定的工資僱用一羣工人。[8]隨著時間過去，愈來愈多人獲僱用。大部分聽比喻的人都知道誰早來誰遲來。勤力和聰明的早來。那些曾經喝酒，整晚狂歡的人睡得晚，掙扎著起牀，或許在再去他們的罪惡窩巢前，先工作幾小時。但有工作要做，因此這些懶鬼也獲僱用。

然後到了支付工資的時候，不可思議的是，所有在葡萄園工作的人都得到一**樣**的工資。那些整天的烈日下工作，負責任又勤力的男孩憤怒地說：「那並不公平！」上帝實際上以這個刺激人思考和簡易的答案回答說：「因為我作好人，你就紅了眼嗎？」[9]每個自義的大兒子的誠實回答都是：「是的！」福音的肯定是不公平的；它令人反感。上帝也同意。事實上，對即使是對最自覺、勤力的罪人，公平的做法是甚麼也不給他。或者更準確地說，對**每個人**來說，公平的對待是審判無盡的折磨。但我們卻因為上帝渴望施予，而不是我們合理地應該得到，而得到恩典。

奇異的恩典，怎能夠這樣？恩典想跳舞和吃喝。她想在感激的瘋狂讚美詩中歡騰。她想將她的快樂給我們。那是父親的呼喊：「我一切所有的都是你的。」[10]我們是憤怒的大兒子，抱怨自己順從地「服事」這麼多年。我們從天父得到的是這個譴責：「你沒有藉著要求分享我已經賜給你的來謙卑自己。」

陰沉和盡責、好像大兒子那樣的父母，藉服事以得到愛，但卻不喜歡服事。這是藉工作供養家人，但卻沒有給家人愛的父親。這是給孩子健康食物，但卻沒有以心培養他們的靈的母親。這是可怕的謎。好像大兒子那樣的父母，他們奴役和受苦，根據規則生活，期望孩子也這樣做。他們希望孩子成為好基督徒和別人的榜樣。在他們的世界，好表示「做正確的事情」，然後完全期望因為這樣正確而得到報酬。那是法利賽人的養育兒女方式，他們說：「我很高興，我和那個討厭、可鄙的小稅吏不同。上帝啊，感謝祢，我什一奉獻、禁食，並投票支持生命。」[11]

好像大兒子那樣的父母，他們遠超期望地滿足文化的要求。她參加家長教師協會會議，參與無數委員會，在教會負責重要的事奉。她做好事，令自己筋疲力盡，然後因為天父的慈愛恩典而埋怨祂。在路加福音十五章，大兒子板起臉，然後以練習純熟的冒犯，嚴厲批評父親。每當我們變得冷漠和沉默，在背後努力工作時，都是以刻薄的力量或報復來做，而不是出於服事的喜悅。結果是在人那充滿怨恨和脆弱的外殼裏面，生出疲憊和空虛。難怪大部分人都寧願與浪子為伍。但可幸的是，在面對我們好像大兒子那樣為人父母的傾向時，我們再次得到參加宴會的邀請。不單是浪子要慶祝。事實上，最熱切地跳舞的通常是第一次參加宴會的人，雖然他以為自己已經在那裏很多年。

我計算還有多少天我的孩子便會離開家裏、大學畢業或者找到工作，可以供養自己時，是好像大兒子那樣的父母。我提醒孩子，他們整牙花了我多少錢，而錢是不會在樹上長出來的時，是好像大兒子那樣的父母。我假設我為孩子做了那麼多事情，應該得到比我得到的更好時，是我在好像大兒子那樣的父母地位的高峯。

在犯罪後回家是困難的，更困難的是向我們的孩子承認，我們必須先離家，然後才能夠回家。不是我們需要過揮霍的浪子生活。但我們必須謙卑地承認我們的批評、審判和要求令上帝痛苦。祂的恩典是令人反感和不公平的。而接受這恩典就是感到有火在我們胸中燃燒，將我們受責任束縛的養育兒女方式變成玩耍。

成為偉大的父母

甚麼將沒有界限的浪子父母和自義的大兒子那樣的父

母，與我們所有人都渴望成為的偉大父母分開？是一件事：玩耍的元素。

偉大的父母是經常、不斷及以熱誠地**玩耍**的父母，每個孩子都應該有，我們每個人都尋求成為偉大的父母。她以天上所束縛的罪人那種真誠的放任玩耍。偉大的父母在上帝恩典的樂趣中玩耍，並邀請他們的孩子參加宴會。

父母得救贖的故事

我的兒子開始滑雪時差不多三歲。我們搬了去丹佛。我的出版商給我們一家人可以在整個冬季使用的滑雪通行證。我們只有很少錢，因此我們經常以滑雪作為娛樂。我太太麗貝卡是家裏惟一已經懂得滑雪的人。我太平庸了，只上了幾課，因此我們只是走到斜坡，以為我們會意外地學會滑雪。而我們真的這樣。

我們為安德魯買了一套裝備，我會替他好像馬兒那樣套上裝備，利用繮繩引導他安全地下斜坡。可惜我不懂得滑雪。一次他在一塊冰上跌倒。我嘗試停下來時，碰到同一塊冰，然後倒在他仰臥的身體上。他痛得流著淚直叫。我將他從地上拉起來時，他不斷以兩歲零九個月的語言說：「放我！放我！」我認為他在說：「現在就脫去我這些裝備，讓我滑雪而毋須害怕你那肥大的雪板再壓著我。」我照他要求做。不到幾秒，他便由不優雅的掃雪變成雙板平衡地滑雪。他天生就懂得滑雪。

看著這小人兒以無畏的自信沿著斜坡向下滑實在是美好的事情。我們很自豪。人們會從空中纜椅喊叫：「他幾多歲？真的令人難以置信！」直到他六歲，很多個季節以後，他才遇到人生中最糟的一跌。那四呎的高度已經可能令成人變成殘廢。他那細小和柔軟的身體吸收了那下跌的衝力，但他的心理卻受到損傷。從那一刻開始到那一季的其餘時間，他都失去平衡、信心、速度和神氣。

在下一季，我以為安德魯甚至不會記起那一跌。但我錯了。最初外出的幾次，他都很緩慢和別扭。我觀察到斜坡上很多小孩都將恐懼變為提出要求的哭哭啼啼。至少我的孩子懂得不哭哭啼啼。

我們來到午餐亭附近一個中度的斜坡。我們女兒向前滑，找一張桌子來吃午餐。麗貝卡、安德魯和我站在斜坡頂。安德魯要求我抱他下去。然後他跌在地上，開始哭泣和用腳亂踢。我很煩躁，要求他起來，向下滑。我的語氣變得更緊張和憤怒。最後麗貝卡提議我滑下去，在下面等他們。我立即照做。

我等候，看著我太太哄我兒子站起來。我知道麗貝卡的語氣會是仁慈和給予肯定的。我看著他們兩人大約十分鐘，但他們仍然沒有動作。我開始厭煩，認為她的溫柔取向不單不會有效，更可能令安德魯更害怕。我決定走那條漫長的路上山，解決那情況。

如果你試過穿著滑雪板，沿著只有很少雪，但有很多冰的斜坡向上走，你很快便會知道，你的努力是徒勞無功的。我走到滑道旁邊，那裏的雪較深，磨擦力比較強，但每走一步，我雙腳都陷得更深。那實在令人疲倦。大約在中段，我看著上面兩個人，感到既憤怒又有盼望。我想他們看到我的臉孔，感到向下滑比要我再走一步更安全。但他們沒有看我，於是我走最後一百五十碼走山頂。

我放下滑雪板，將靴子拋在固定裝置上。我開始走向他們。我太太很快地站在安德魯前面。我以我喘著氣的肺所容許的極限，盡量高聲地喊叫：「走開。你的方法行不通。我要用我的方法令他下去。」麗貝卡堅持立場。

我太太以仁慈和能力看著我。我終於來到她面前時，她慢慢搖著頭說：「不。」

我們安靜了一刻，然後她說：「我知道很多對你很重要的男人都令你羞愧。我知道你不想這樣對你的兒子。」那就是她需要說的話。我腦海中閃過很多臉孔，我再次感到被那些我真正重視的男人令我丟臉和羞愧。我的憤怒平息了，我開始哭起來。我太太將手放在我心上說：「你是好男人。」她轉身，流暢優雅地向陡峭、充滿冰的斜坡滑下去。

有一刻，她滑雪板的閃光和她體態的優美吸引了我的視線。但後來我記起我的兒子躺在冰冷的雪上，完全沒有發出任何聲音。我俯身將他拉到我的滑雪板上，然後將他放到我膝上。「安德魯，我從下面上來時，你看到我的臉，是嗎？」我說這話時，我們明白大家的處境。

他顫抖著說：「是的。」

「你看見我多麼憤怒，是嗎？」

「是……是的。」

「你感到害怕，對嗎？」

「對，對。」

「你知道如果媽媽不是那麼堅強和慈愛，阻止我並保護你，我會要你付代價。」

這時他眼中閃著淚水，面頰因為害怕而在顫抖。我看著他，撫摸他的面頰說：「安德魯，我錯了。媽媽很愛我，也很愛你。她要我看自己變成怎樣，以及我不想成為怎樣的人。安德魯，對不起，我那麼憤怒。請原諒我。」

我兒子給我的恩賜是無法計算的。他將手放在我心上，就好像他看到我太太所做的那樣，然後含著眼淚說：「爸爸，媽媽是對的。你是好男人。」

我不能想像有更大的榮耀。因為英勇和個人犧牲而贏得獎項一定令人懾服。但對因為罪被揭露，自己被定罪，浪子般的大兒子回到父親的懷中而得到的獎項，我們應該怎樣看待？

甚麼也沒有。沒有任何東西。我們不應該做甚麼，除了伏在兒子的臂彎。安德魯饒恕了我和祝福我。他扮演充滿恩典的父母。兒子成了男人的父親。男人在面對自己不能好好養育自己兒子時，成了父親的兒子。

是時候滑下山了。我將安德魯從我膝上移開，我們站起來。他仍然害怕。我開始重新察看那山坡，向他指出一些雪塊，它們開始形成細小的隆起點。我計劃一條路，想出一個方法讓他跟隨我安全地滑下斜坡。他提出最後一個傷心的請求：「爸爸，請將我放在你背上吧。」我說：「安德魯，你記得我的滑雪本領怎樣嗎？」他笑著說：「爸爸，我知道了。那是行不通的。還是我自己嘗試比較好。」

他慢慢沿著斜坡移動，最終開始滑行。他碰在第一塊雪上，然後是第二塊，用比較深的雪調節自己的下滑速度。他似乎會沒有任何困難地向山坡下走。但他錯失了接著的幾塊軟雪，開始加速。他似乎很快作出決定，滑到旁邊雪比較深的地方，但那些樹只離他幾呎遠。他進入更深的雪時，改變滑雪的動作，開始好像一枚活塞那樣上上下下地移動，滑過深雪。他好像一個專業運動員。我實在不能更感到自豪。

他到達下面，滑到麗貝卡那裏，兩人擁抱。那是《父親甚麼都知道》（*Father Knows Best*）的其中一幕。我太太的溫柔和力量令我裏面重新有溫柔和力量。我看著山坡、我家庭和拯救及保護我們的上帝的美麗。我向山坡下滑，轉第一個彎，然後第二個彎。到了第三個彎，我的身體向前，雙手放在旁邊，有短短的一刻，我身在空中。好像一隻沒有翅膀的大鳥，我飛了起來，直到地心吸力重新生效，然後以頭和胸先著地。我胡亂地翻筋斗，再次飛到空中，靈巧地側身倒地，像抵疊一樣。我躺在雪中，直到我肯定自己仍然生存，大部分手腳仍然能夠活動。我最後站起來，向山上爬，取回滑雪板，向下滑五十碼，取回另一塊滑雪板。我終於到達山腳，一邊哭一邊笑地擁抱我兒子和太太。我們高興地倒在地上。

我兒子將雙臂擁著我鋪滿雪的身體。他說：「爸爸，我永遠不會忘記你為我所做的。這會是一生的記憶。」

而它確實是那樣。事實上，我犯罪得罪了那位打電話來道歉的朋友，在電話掛斷後幾小時，我再次被送到山頂。在那個電話後的幾小時，我陷入絕望中，我細數有多少關係被罪破壞和染污——包括我自己和別人的罪。那就好像走過失敗和反訴的展覽。我可以看到一個女人的臉孔，她一生的其中一個呼召是破壞我。我也看到另一個朋友那張刻薄的臉，他說我不適宜事奉。

我愈沿著羞恥的大廳走，愈看不到盼望和憐憫。然後創意和玩耍，回憶和信念的聖靈，讓我記起在那冰冷和憤怒的山坡那一刻。那天我對不起我的兒子。今天我對不起我的朋友。我也記得以前也對不起很多朋友。但我仍然聽到上帝說：「你兒子是對的。你是好男人。兒子，回家吧。歡迎恩典。來宴會玩耍吧。」

沒有甚麼呼召比身為父母，透過自己孩子的聲音聽到上帝的呼召更偉大，沒有任務比它更值得或更令人謙卑。因此回到父親家裏吧。回到孩子家裏學習玩耍吧。

註 釋

1. 路十五20~23、25~32，MSG。

2. 路十五19，MSG。
3. 參 Henri Nouwen, *The Return of the Prodigal Son* (New York: Image, 1994)。
4. 羅七24，RSV。
5. 林前十五55，RSV。
6. 林後二15~16，RSV。
7. 參林前十13。
8. 參太二十1~16。
9. 參太二十15。
10. 路十五31。
11. 參路十八9~14。

第十二章

玩耍的自由

上帝給父母的最高呼召

天堂的嚴肅工作是玩耍

——魯益師（C. S. Lewis）

我們做父母的，在我們所做的一切事上幾乎都可能失敗，也**會**失敗。不過，我們最嚴重的失敗，不是我們不能夠實現某些期望。我們最嚴重的失敗，是我們很少想到的事情：拒絕玩耍。

與我們的孩子玩耍給他們技巧、品格和活出上帝給他們的呼召的背景。這是他們最重要的遺產，這表示不讓孩子有父母作為玩伴是麻木不仁的。事實上，生孩子的其中一個最有說服力的原因，是有人和我們玩耍。一位好朋友曾經說過：「我有孩子，以致我可以買**自己**小時候總想買的玩具，而又不顯得自私。」

我們這個時代充滿乏味的電視節目，有太多專業體育運動，以及其他無意義而令人分心的事情，但仍然感到玩耍是自私的，實在可惜。玩耍被視為**有罪的**娛樂，我們太疲累，不能工作時浪費一點時間的方式。我們活在自我專注、自戀的時代，但它仍然是工作而不是玩耍的時代；是忙碌而不是娛樂的時代；是生產而不是安息日的時代。要對抗文化的特性而生活，正如我們必須那樣，認真的父母會花大部分時間在玩耍上——無論我們在工作、跑腿、修整房子、還是在後院玩接球。成熟的人會視生命、工作、崇拜和養育兒女的一**切**為玩耍的方式。

簡短的玩耍神學

以相信復活為基礎的世界觀，要求以歡慶、快樂和喜悅的筵席的開始和結束來看生命。這是宴會，不是一種憂鬱的事情。歡慶在生命的一切中找到自己的位置——在性交的喜悅中，在模造花瓶陶土中，在引導任性的青少年這困難的領域中。生命的一切都要參與死亡的痛苦和復活的喜樂。那是上帝給生命的地圖，對生命的一切，我們都可以，也應該當為玩耍那樣進入其中。

創造、墮落和祂的來臨

存在的阿拉法是創造，俄梅戛會是基督的再來和天地的再創造，邪惡的清除，以及羔羊和祂的新娘——教會——的婚宴。開始涉及上帝嬉戲的創造性，結束則是由上帝主持的宴會，我們會在那裏吃喝和歡慶至少許多個千年。但期間的時間又怎樣呢？

創造之後是墮落，這引入極度黑暗的時期。這是我們認識的生命，哀傷和損失的生命。這樣，稱墮落和祂將臨的國度之間的時期為玩耍的時期，似乎是天真的。面對一個好朋友的身體在癌症折磨下日漸衰敗，或者一次痛苦的離婚，或者好像大屠殺，阿美尼亞那些無辜者被強姦，在斯大林（Stalin）迫害下，有二千萬俄國人死亡等無法形容的邪惡，我們怎能夠同時想到**玩耍**這個詞？

這種可怕不是玩耍，也不是鬧著玩的——除了黑暗那一方。對所有不邪惡的人來說，它都是純粹和簡單的戰爭。但邪惡並不擁有自己的開始，它也不擁有那終結。只有上帝才擁有它們。如果我們相信祂是至高和良善的上帝，即使這生的戰爭中最黑暗的部分，最終也只是永遠屬於我們，那內容充實的戲劇的前奏。

今天我們看為為永恆戲劇作準備的一刻，是信心的行動和對邪惡的蔑視。視今生的所有戰爭為一種富創意、以安息為導向、促進熱誠的玩耍，並不是天真、感情用事或愚蠢。

如果不有趣，便不是來自上帝

我和一位專門處理家庭暴力的治療師坐在一起。她服事的對象是一些婦女，她們的面孔因為暴力和絕望而扭曲。她每天聽到關於強姦、毆打和羞恥的故事。她管理一間診所，教導被虐待的婦女，為她們禱告和與她們一起受苦。她也同樣好地服事施虐者，以智慧、恩典和盼望對待他們。我告訴她我自己在性虐待方面的工作時，她說：「我們蒙召做這工作，實在是我們的榮幸。那不是很有趣嗎？」

我完全明白她的意思。生命中沒有甚麼比破壞邪惡，並轉而建立良善更有趣。玩耍進入混亂，帶來秩序。以結構、工具、規則、想像、過程、理論、技巧為裝備，玩耍與錯誤對質。它將死亡轉化為美麗——看見錯誤得到糾正，達到頂峯或你的球隊射入致勝的一球的美麗。

如果你不失敗，那便不是出於上帝

所有玩耍都要求我們大膽地進入那不可知。如果前面不會失敗，或冒更大混亂的危險，那任務不會驅使我們參與。玩耍要求我們冒險，向受苦的可能性開放自己。

但當然，那不全然是冒險、失敗和受苦。如果沒有集體快樂、名譽和榮耀的可能，所有玩耍都不值得努力。每個人都想贏，我們往往也確實贏出。那是值得歡慶的原因。但我們誠實地分擔被打敗、失敗和羞辱的路時，最深地彼此接觸。不能出類拔萃的故事更為動人，而且更加能夠使人連繫起來和親密起來。聆聽一羣教師、母親，甚至熱切的高爾夫球手的話，你便會聽到古怪但大家都明白的語言和細節。他們交換資料，分享成功和失敗。引出我們的熱誠的，是失敗和成功、混亂和秩序的相互影響。

同樣，每次我們與自己的孩子玩耍時，是邀請他們在明智的規則以內的安全中冒險。我們蒙召帶領他們冒合理的險，藉以實現更大的善。

玩耍作為在規則以內的冒險

多年以來，我都帶領一小羣男士去用假蠅釣魚，並談論生命中重要的事情。其中一次我也帶同我們兒子安德魯，當時他十二歲。他會擔任我們的雜役，在其他男士回家後，安德魯和我會開始我們的性教育討論。我預期那些關於性的談話時，感到很緊張。我曾經在一萬人面前談論身體的親密，但卻遠遠不如我帶了幾本書和幾盒錄音帶，在第一次與安德魯談關於兩性關係的談話中使用時那樣緊張。

那旅程十分成功。那些男士喜歡安德魯，他對很多從未用假蠅釣過魚的人給予很大幫助。他有耐性、仁慈和有知識。在最後一天旅程，我們在科羅拉多州阿斯彭（Aspen）附近的平底鍋河（Frying Pan River）釣魚。那是湍急和要求高技術的河流。那天我在數百個不同位置釣魚，但安德魯選擇了一段四十碼的水域，一再在那裏釣魚。我們組中一位用假蠅釣魚的導師稱它為最富生產力的洞，有很多河鱒，是安德魯的寶座洞。

那是一天的結束，那些男士在預定的離開時間慢慢回去。那時安德魯示意我去他那裏。我來到他後面，預期他叫我看他最後幾次拋出魚絲。但他指著那個洞說：「爸爸，你釣吧。」我以幾次虛假的拋擲延長魚絲。然後假蠅剛好落在急速流動的水，和鱒魚那平靜地留著的水之間的交滙處。不過，我不能拉起那條魚，安德魯拍我的背部。「我肯定你會試那一條，」他鼓勵我說。接著的幾次拋擲都不準確。我很疲倦，想離開，於是示意兒子為我完成那個洞。

他的拋擲輕鬆和準確。我看到好些男士從岸邊看過來。他們的眼注視著我兒子。他沿著水流向上游拋假蠅，直到他在一塊巨礫後面。在第三次拋擲時，一條大鱒魚吞了那假蠅。安德魯讓那條魚沉下去，然後調校魚鉤。那是不費力和無可挑剔的。那條魚游向我們。安德魯舉起魚竿，在捲魚絲時向後退。我剛好在他右邊，他命令我走開。他的聲線是直接和不冒犯人的。我向後退了三步，但安德魯完全看到，不過他說：「不，爸爸，我的意思是離開水面。那條魚準備逃走。」我向右移幾步，來到岸邊。其中一位男士將手放在我肩頭說：「他真的擅長釣魚，也是好男孩。你走動得那麼快，也是好爸爸。」

安德魯在一羣男士的鼓掌下將那條十六吋的殺手放在岸上。看到他將鱒魚放在網中，讓他們高興地看到，實在壯觀。那羣男士回家，但我兒子和我繼續釣魚。第二天我們單獨在山上，我提出以「性」作為我們討論的題目。安德魯的表情跟我告訴他要坐在牙醫的椅子沒兩樣。

第一節維時大約一小時，然後我們休息。我們繼續時，安德魯説：「你需要不斷提到陰道和陽具嗎？」他指整段關於性的談話和不斷使用這些特定的字眼。我告訴他我對使用其他字眼是開放的，但我需要知道他想我用甚麼字眼。

我們在玩耍——十分認真的玩耍。他想完全避開這個題目。我知道他的將來在某程度上依賴他怎樣處理自己的性特徵，這包括他怎樣處理這談話。那些規則很簡單：我們會有這樣的談話，而它會持續幾個月，甚至幾年。我們會談及性的事實，快樂的核心，以及蒙召忠心地將自己的身體給予一位女士，為了比自己甚至她的快樂更大的目的的男士有甚麼特質。

我們怎樣進入這個題目，以及他怎樣處理那些材料——包括他處理甚麼語言、問題或關注——是玩耍中他負責的部分。我將球拋給他，他將球接下。令生命充滿活力的是這冒險——投入、創造和轉化的呼召。

有幾分鐘，安德魯都保持安靜。我終於問他是否以為我會走。他笑著説：「我希望這樣。不過我估計我們會繼續談論性，對嗎？」我點頭。他看著我回答説：「唔，將陽具和陰道改為鱒魚和魚網好嗎？」他的比喻是那麼敏鋭，我驚訝得瞪著他。

我不再是成年人，安德魯也不再是孩子。他已選了競技場，決定參與那過程。我教他很多關於性的事情。他教我更多關於冒險、妥協和交流的事情。

所有玩耍都始於關於怎樣玩那遊戲的規範性規則和過程

的結構。但一旦遊戲開始，打開通往不確定和掙扎的混亂的大門後，便會出現一個全新的創造。而那是好的，直到它必須再次撕破，然後重建，讓更大的善可以長出。玩耍帶來更大的善。而嬉戲的果子總是表示邀請別人參與宴會那慷慨的大方。

玩耍作為浪費

玩耍是浪費的，表示它是過剩、沒有限制的。聖經的浪子離開家裏，讓自己可以不受社會限制規範。在遠處他將父親的金錢花在放蕩的生活上。不過，接受他回去的父親更浪費。他以無限恩典迎接悔改的兒子，以極大的輕浮的愛慷慨地給予他。[1]玩耍是同樣過份的。它發明和增多選擇和可能性。音符和拍號的數目可能有限，但創造無限多的旋律的組合卻無限。蒂拉德（Annie Dillard）寫道：

> 最重要的是，自然是揮霍的。如果人們告訴你，自然是經濟和節儉的，它的葉子回到泥土中；不要相信他們。將樹葉留在樹上不是更便宜嗎？單單落葉這件事已經是激進的計劃，是有無限資本、精神錯亂的躁鬱症患者的思想產物。鋪張！大自然會嘗試任何事情一次。這是昆蟲的迹象所說的。沒有形式是太可怕的，沒有行為是太奇異的。如果你在處理有機的化合物，讓它們組合吧。如果它有

> 效，如果它有生氣，讓它在草中咯咯地叫；總有空間給多一個；你自己也不是那麼好看。這是揮霍的經濟；雖然沒有失去甚麼，一切都使用了。[2]

生命的巨大冒險的一部分，是它那些無盡的可能性。如果你不打網球，你可以打曲棍球。如果你不喜歡運動，你可以下棋或編織，集郵或給窮人食物，翻譯聖經或做園藝或游泳或禱告。你也可以做這一切，並仍然喜歡棒球。生命——和所有玩耍——都是揮霍的。嘗試將選擇分類令人頭昏腦脹。但你必須選擇，在作出選擇時，有沒有走的路和選擇了的路線限制了你，同時也擴闊了一連串新的選擇。選擇的行動和其他根據選擇而行動都改變我們。

我們不能玩耍而不被轉化、創造、失落和被尋獲。作家和詩人阿克曼（Dianne Ackerman）寫道：

> 無論人們選擇甚麼藝術形式，甚麼材料和意念，那創造性努力都是一樣的。人們總是找到規則，總是十分專注、著迷和興奮，總有受限制束縛的自發，總有冒失敗和羞辱的危險，總有儀式的鼓聲，總有一直到心裏都受到震驚的意願，總有以一瞥柳樹染色的迫切需要。[3]

你不能有孩子而不被轉化。你不能讓他們與你的生命玩耍而不變成完全不同的人，然後在容許你的孩子擺弄你時再變成另一個完全不同的人。每天你起來，幫孩子穿衣服、吃早餐，然後送他們出去，便進入一個揮霍地玩耍的領域，是比生命本身更嚴肅的。

玩耍作為地上嚴肅的工作

遊戲被視為是孩子的事，這是可悲的，或許更可悲的是孩子的玩耍被人以成人的方式重塑成競爭、成就和權力。我們參加孩子的運動比賽，很少不對場上那些粗言穢言感到噁心，那些語言通常是由成年人的聲音說出的。取勝不是惟一的事情，但它是沒有靈魂的熱誠那受膏的神，所有遊戲的大教堂都有這種熱誠，從小聯賽到主要的聯賽。對很多美國人來說，沒有甚麼比他們的球隊更重要；那是他們神聖的偶像和他們狂熱的焦點。

研究顯示，在舉辦職業足球比賽的城市，虐待配偶的比率較高。有些球迷將對自己支持的球隊失敗的失望，帶到暴力的極端。棒球裁判員感到文化對權威的鄙視。另一方面，教練則是我們愚昧無知的父親。球隊本身是我們的兄弟姊妹。他們——並擴展到我們——的命運起跌令我們感到羞辱或高興。剛過去的比賽，以及將要舉行的比賽，成了我們冷淡談話中的碎石，以及我們即時的盼望和夢想的飼料。

運動不單是嚴肅的事業，但也是我們逃避日常生活的平凡的嚴肅場所。我們不是活在好像一九五〇和一九六〇年代那樣焦慮的時期，也不是活在一九七〇和一九八〇年代的抑鬱時期，亦不是活在一九八〇和一九九〇年代的自戀時期。我們進入了分離的時期。我們不想存在於我們時代那極端混亂和心胸狹窄的分歧之中。我們太失望和自我專注，不能對我們時代的恐怖和不確定做甚麼。比較容易的是，在精神和情感上遠離所有使人不安和不快樂的事情。我們蜷縮、躲藏和潛伏。

當別人代我們受苦時，我們做得最好。就好像我們將危險外判給專業運動員或我們踢足球的孩子。他們可以——代表我們——穿上制服，走到球場，看誰會勝出。從場邊甚至家裏的安全地方，我們可以向他們呼喊，也為他們呼喊。我們成了一個觀看者的世界，從別人的比賽中窺淫癖般地抓著那熱情。而那分離的觀察者總成了批評者，宣告空想四分衛的專長。

在體育運動方面，和在教會、政府或藝術方面同樣真實。如果我們所做的是觀察，如果我們從不加入比賽，冒險和弄污自己，我們便會疏遠那比賽，隨著時間過去，對抗那些參加比賽的人。十分認真的判斷——往往是嚴苛、冰冷和殘忍的——來自那些站在旁邊，拒絕進入比賽的人。同樣，最喜歡批評和判斷的父母是那些拒絕與孩子玩耍的人。

與那些進入爭論，不顧一切地投入孩子生命深處的父母作比較吧。那些玩耍的人知道投入的榮耀，無論結果怎樣。將個人的血和聲音加入過程中，能夠改變人的靈魂和事件的精神，即使那努力以可見的失敗告終。

這個對玩耍的看法，痛苦地正中要害。我太太和我花了很多年協助建立一間學校，後來我們卻要看著它倒下。在那可怕、似乎沒有盡頭的時刻，麗貝卡對我說：「記得休息。這只是生命，而我們只活一次。」我震驚和欣賞地看著她。她怎能夠說：「這只是生命」？就是這樣。這是我們在地上經歷的**惟**一生命，如果我們不超越巨大的障礙，忍受重大、令人疲累的擔子而浪費它是恥辱。這樣全速地投入生命，是我們給我們孩子的偉大遺產和遺贈。

你可能記得我女兒阿曼達的故事，她在學校被人發覺她車裏有酒精。經過被父母禁止外出多個月後，她仍然要執行法庭判處的社會服務令。其中一個活動令她加入一個社區團體，那個團體差派義工到幾間西伯利亞的孤兒院。阿曼達聽到每個美國青少年義工，怎樣照顧一個俄國孤兒差不多一星期。在那個星期，那青少年和孤兒一起玩遊戲、做手工藝、騎蹺蹺板和在繩上搖。不過，比所有遊戲和活動更重要和能夠改變生命的是，集中在一星期讓孤兒看到一個青少年的臉孔，並擁有那青少年的所有注意力，不用與任何其他孩子分享。

阿曼達緊緊抓著這個機會。她放棄了一些麻煩的關係。她停止了參加某些社交活動。不再朝某方向走的生命，可以放慢下來，作出改變。對某些人來説，這種改變包括碰壁。但一旦生命停止朝某個方向走，便一定會轉彎，並朝另一個目的地加速。在阿曼達放慢下來那一個月——以及一旦碰壁時——她開始更細心聆聽帶給她快樂和哀傷的事情。她開始聆聽賜給她的新名字的微聲；她向新方向走，開始以新的可能性玩耍。

到西伯利亞孤兒院的旅程要籌二千五百元。她會知道一些關於俄國人的事以及孤兒的獨特掙扎。她需要花時間洗車、開會和閱讀。終於到了那天，我們親愛、寶貴的小犯人飛走了。我們感到痛心和擔心。她活著和服事別人，回到家裏時成了不同的少女。她回來時寄給支持她旅程的人的信中說：「我從不知道人心可以痛得那麼深和愛得那麼豐富。」

玩耍不是逃避現實的心痛。相反，它涉及擁抱所有現實的結果。它效法那個張開雙手歡迎流浪的兒子回家的父親，沒有問問題。它也呼應耶穌的一個比喻中富有的主人對精明僕人的稱讚：「好！你這又良善又忠心的僕人……可以進來享受你主人的快樂。」[4]所有談話和活動都是為了在生命更大的部分佔有合適的位置。我們能夠給孩子的恩賜中，沒有甚麼比邀請他們玩耍，給他們玩耍的機會更好。

與你的孩子玩耍

與你的孩子玩耍包括但超越拋球、玩洋娃娃或在沙箱挖掘。它包括讀故事、看電視、訓練小狗、跑腿和替花園拔除野草。每當你冒險進入不可知的領域，遵守某些規則，消耗能量，得到滿足感——即使是在失敗中——使良善的生長，破壞邪惡的時，玩耍便發生。

但有一點要清楚：玩耍比做我們的工作要求更多時間和更多參與。一起好好玩耍的過程比任務或結果更重要。因此，工作是繁重但有效率的，而玩耍是有趣但十分浪費的。你單獨替花壇拔草，比你在過程中加入一個孩子要快得多。沒有孩子的妨礙，我們騎單車會走得快很多、遠很多。單獨散步，比有孩子在身邊，問關於樹木和鳥兒的問題，以及你是否看到蜥蜴跑進石頭中，會帶來更多身體的運動。

玩耍是十分沒有效率的。它揮霍和花費，而且投資往往沒有任何明顯回報。正因為這樣，我們必須提醒自己那過程的祝福，而不要尋找那努力任何可以量度的結果。

有一條我喜歡的河，我每年只看見一次，河上有一塊我喜歡坐在上面的巨礫。我在那裏釣魚的一星期中，可能會坐在那塊石上兩三次，但它的存在已經刻在我手掌中，它的壯麗總是在我心裏。我需要感受河水流過，清洗我的靈魂，除去擠迫、高傲的生命的雜質時便到那裏。玩耍給我們一個場地、我們喜歡的假蠅釣魚竿、一雙靴子、和空間——神聖的空間——在我們的日子變得漫長、寒冷和疲累時重新進入那個空間。

如果我記得自己玩耍的神聖地方，我便可以期望，知道我可以再次快樂，好像以前那樣。所有玩耍都要求對明天的遠象。它就是這樣製造和支持盼望。它就是這樣在每天堅定的要求中大膽地為渴望的將來的圖畫而冒險。每次到足球場練習都是對將來比賽的應許。每次比賽都是冒險：是為將來的錦標或體育獎學金或甚至只是某個球員的獻身，他比別人更努力練習但因為知道不能上場而感到痛苦。所有那些練習的衝勁，年復年，可以是無意義地經過很多哩路，不斷來到球場；也可以是今天有意義的玩耍，預期明天的機會。

我現在談及球員還是父母？應該兩者都是。但可惜我描述的往往是作球員的孩子，而不是父母－啦啦隊隊長－聽告認的人－司機－醫護人員。玩耍要求雙重參與。除非父母在宴會中和孩子一起，否則它不是玩耍。我要大叫大嚷和激動地說話，呼叫和喊叫以及焦慮地踱步——只是因為網球失了一球。我要投入挑戰我在玩電腦遊戲的兒子，並幫助我女兒計劃到俄羅斯。

在那些時刻，我必須記得對玩耍的愛好；我必須冒險為我的孩子夢想；然後我必須在努力中投資我的生命，以我的生命冒險。這種遊戲總要求我某種參與：我觀看和欣賞，加入並在天堂嚴肅的工作中帶領我的孩子。或者我應該說，那是天堂在地上的嚴肅遊戲。

觀看和欣賞

「媽媽，看看我！看著這裏！」這些話在遊樂場迴響（有趣的話），好像歷久常新的聖詩的副歌。玩耍是要使人著迷的。三歲的小孩穿著新裙子旋轉，或笨拙的十七歲青少年為重大的比賽穿上制服時，他們的衣著不是為了成功，而是為了得到欣賞。

我們在觀察者眼中看到的「表情」可以成就我們或使我們破碎。那是生和死的大問題，但所有玩耍的其中一個主要元素，是被觀看和讓別人知道結果。建立戲劇性效果的是那預期和那不確定，在表演的能力中，能夠有一刻令時間停頓的是結果。準備在鞦韆搖盪的五歲小孩這樣做時的慶祝和預期，好像認真地一個跟一個從預備區域走上太空船，飛到天外的太空人那樣。為甚麼是這種盛況和環境？這與高興地呼喊：「媽媽，看著我！」的孩子沒有分別。那孩子在說：「我將會做一些真正危險和特別的事情——如果你看得夠長時間，你會感到不可思議、目瞪口呆，十分以我為榮。」

在鋼琴演奏，藝術展開幕和婚禮時也一樣。「媽媽，看著我！我／我們將會做一些真的不可思議的事情！」有些人相信這樣會令孩子麻煩的自我專注上火上加油——它是可以這樣的。但更重要的是玩耍的真正榮耀：我們來看你和為你著迷。

著迷是欣賞的前廳。欣賞就是使自己在別人的光采和榮耀面前謙卑下來。這是自戀的人不能夠容許的。它是妒忌和嫉妒的對立面。欣賞祝福別人，作為和成為我們不能成為的人。它指出獨特性，而又不試圖將它拉到我們的地位。它是最好形式的讚美。

每個孩子都渴望成為父母的寶貝，不是因為完美的表演，或甚至不是因為努力工作的結果，而只是因為她得到珍惜。她可能最後才衝線，或者在浪費了一半家產後渾身污穢地回家，但她仍然是極受歡迎的人。在父母雙眼發出光彩時，玩耍達到圓滿的時刻。「媽媽，看著我」不在孩子六歲或七十六歲時結束。它是人心的其中一個核心渴求。我是要得到珍惜的。我是要得到快樂的。玩耍給我們讓人欣賞的背景和機會。但玩耍也號召父母不單從場邊觀看比賽，也要加入和帶領孩子到生命中。

加入和帶領

喜愛玩耍的心不能夠一直留在旁邊；它必須加入舞蹈和慶祝。驅使孩子去上音樂課，在他在別人耳邊吹號時把握機會休息，永遠都是不足夠的。我們必須加入，否則那便不是玩耍。可惜很少父母在孩子幾歲後仍然繼續與他們玩耍。我們可能會驅使孩子去玩耍，但卻很少加入實際玩耍的認真行動。

這是否表示如果女兒喜歡足球，父母便應該加入成人足球聯賽；或者拿起小提琴陪伴未來的藝術愛好者？或許是，但如果我們干涉他們所做的一切，便奪去他們在獨立和自主中成長的機會。但必須有玩耍的加入，進入他們的世界，也邀請他們進入我們的世界。

那可以是運動，也可以是在家受教育。那可以是對集郵、編織、十九世紀浪漫小說或數碼攝影的喜愛。那只需要是一些你和你兒子和女兒都喜歡的東西。無論怎樣，那都是號召父母帶領的加入。

父母以示範獨立和親密的現實來帶領。這樣做需要勇氣和冒孤單和失敗的危險。領袖必須接受個人失敗，然後悔改。悔改表示在完成或未完成的事情面對謙卑自己，根據應該怎樣而活。悔改是活出我們不能活出的真理，在面對我們的倚賴時要求幫助。悔改送我們回家，回到我們天父等待我們的臂彎；因此，真正的悔改是救贖的先驅。真正的領導不單悔改，也接受宴會那更謙卑的呼召，與能夠忍受失敗作為自己的失敗，而不是將失敗給予我們，作為我們應得的回報的上帝歡慶。[5]

因此，任何努力中的領導都要求作決定和招致失敗的大膽投入這樣的冒險。一旦接受了這動力，真正的領袖便接受受歡迎和不受歡迎的結果。她高興地因為那好事而歡欣，也拒絕否定那害處。領袖不靠成功而活，而是靠必須奮力前進，拿起球棒再擊球而活。她這樣做時，明白到雖然有罪，但恩典是豐富的，我們蒙召為上帝的恩典驚歎。[6]這種驚歎帶來深入骨髓的感激。

感激是創意的先驅。在面對失敗時，我愈認識自由，愈願意使用過去嘗試中的碎片作為今天新藝術品的原料。這是死板、教條的養育兒女方式和慷慨、充滿恩典的養育兒女方式之間的分界線。我們愈以完美作為養育兒女的目標，愈不單會失敗，更會以死板、憤怒和罪疚失敗。我們會暗地裏憎恨我們的孩子，因為他們在我們生命中的存在讓我們看到自己最大的失敗。

另一方面，謙卑、張開雙手、浪子般的父母知道自己不能做得好。他承認失敗教導我們的東西遠比成功教導我們的為多。我的失敗邀請恩典、感激，甚至更多創意。真正的領導從感激去到再創造。我必須與我的孩子再創造，特別是面對我的失敗。

一嘗上帝

那是我兒子十二歲生日的慶祝會。那晚充滿樂趣，有很多禮物、蛋糕和故事。到了黃昏結束時，我兒子和我「拗手瓜」。他愈來愈大的力量帶來很糟的一擊。我反擊並且說：「我們累透了。」他再進擊，眼中含著淚水。我很憤怒，我告訴他我們要結束那無聊事。他看著我，嘴唇在顫抖。他衝口而出說：「你總做一些事情破壞美好的時間。你破壞了我的生日。」他十分憤怒地跑上樓。

我太太和兩個女兒厭惡地看著我。安妮先開口：「爸爸，他是有道理的。你往往去到極端。我認為你對他的打擊太大了。」阿曼達插嘴補充說：「你似乎不能讓美好的黃昏就此結束而不令別人對你失望。」麗貝卡只是凝視著那爛攤子。我感到被逮個正著——有罪、迷惘、受傷、被虛假地指控，留意到她們說了一些重要的話，是既真實又不真實的。我可以就不真實的事情為自己辯護，或者謙卑地承認真實的事情。

我走到安德魯的房間，發覺房門上了鎖。我不能夠要求他打開門，我也不能夠讓他的憤怒藉著躲藏而得勝。養育兒女往往是失敗，然後為了回應本來的失敗而再失敗的過程。

隨著失敗增加，它們變成固定的模式，很大程度上被忽略了。接著它們要不是在沒有饒恕下被原諒，就是在不察覺下被接受。無論怎樣，都在原來的傷口上加上疤痕。

我站在大廳上，靜靜地向上帝認罪。但我沒有感到得赦免的喜樂和驚歎。我以前知道那喜樂，因此我倚靠那些事件帶給我的利益。我敲兒子的門說：「我令你很失望。我仍然不明白你多麼憤怒，而除非你與我談話，否則我不會明白。如果你不願意談，至少打開門，讓我站在太太和女兒面前，在你在場下告訴她們我令你失望，使你丟臉。」

領導的地位前進和摸索。它認罪。它接受不配得的，然後再次冒在遊戲中再跌倒的危險。安德魯不走來開門，我告訴他，他有五分鐘時間作決定。在五分鐘結束時，我會開門，我們會交談，即使他選擇不交談。我是否再次犯錯？我應該讓交流冷卻下來，假設明天事情會更好嗎？在甚麼時候後退是更好的路？我不知道。我只知道我太用力打擊我兒子，在他經驗冒犯時中途改變規則，在他的生日投下陰影。

我錯了，但我仍然是他父親，他是我兒子。我仍然是要帶領的人，即使我現在蒙召帶領他前進是因為我的罪。罪從不令我們脫離帶領的呼召。我們不是以否認失敗來帶領，我們的失敗也不是不控制和創造的藉口。無論對或錯，我們仍然需要帶領。

五分鐘過去，我說：「我要進來了。請打開門鎖，讓我和你好像男子漢對男子漢那樣面對面。」我可以聽到他的椅子向後移，他慢慢走來開門。他看著地面。他努力堅持自己正在冷卻的憤怒。我們坐在他牀上，他終於流下眼淚。我擁抱他，他哭起來。我仍然好像他最初發作時那些感到迷惘。我不明白我怎樣激怒這個青少年，我也不明白為甚麼他突然那麼溫柔地在痛哭。

但有一點是我知道的：安德魯需要——十分需要——可以謙卑但又不會軟弱的父親，可以投降，但也為他的靈魂和我們的關係搏鬥的父親。他需要一嘗上帝。我也十分需要一嘗上帝——來自我兒子，並與他一起。我知道上帝與我們同在，在房間中，在我們擁抱時彼此觸摸到的肉體中。

我是，而且永遠都是安妮、阿曼達和安德魯的父親。那是我最重要的特點和榮耀，只是僅次於身為麗貝卡的丈夫。但我是絕望、害怕的父親。我也是任性的浪子和自義的大兒子，兩人都受到歡迎，參加一個宴會，是透過我家庭的大門最深入地進入的。如果我聆聽那邀請，服從地走過大門，接受等著我的心痛和榮耀，我不單會是更好的父親和丈夫，我的孩子也會將我養育成更深刻、更誠實地認識上帝的人。

透過成功和失敗，透過喜樂和哀傷，透過歡笑和眼淚——透過這一切，我們偉大和狂野的上帝仍然使用孩子去養育父母。

註　釋

1. 參路十五11~32。

2. Annie Dillard, *Pilgrim at Tinker Creek* (New York: Harpers Magazine Press, 1974), 65.
3. Dianne Ackerman, *Deep Play* (New York: Vintage Books, 1999), 136.
4. 太二十五23，NIV。
5. 參羅五8；林後五21。
6. 參羅五20~21。

這本書於我在馬斯希爾研究院（Mars Hill Graduate School）（www.mhgs.net）的最初幾年間艱苦地撰寫出來。兩者的陣痛都比我想像中痛苦得多。男人永遠都不會生孩子。但很多親愛的朋友和同事給予照顧和耐性，是比我忍受的痛苦大得多的。

對 WaterBrook Press 的職員，特別是李（Ron Lee），我要感謝你們耐心地幫助我發現我真正想說的話。

對我的代理人赫爾默斯（Kathy Helmers），我要說：朋友啊，多謝你在經過那麼多次流產後，仍然相信有本書會出生。

對馬斯希爾研究院的董事會和同事，我要說：與你們一起哭和一起笑是多麼甜蜜啊。

對蓮達（Linda）、薩曼薩（Samantha）和艾麗森（Allyson），我要說：啊，勇敢的照顧者、守門員、良心和朋友，謝謝你們令我保持清醒——在路上和家裏，而且繼續生存。

對朗文，我要說：親愛的朋友，謝謝你知道怎樣聆聽我內心最真實的話。

對我的孩子安妮、阿曼達和安德魯，我要說：願你們吸入聖靈，與國度搏鬥，為了祂的榮耀而吃喝。

對我太太麗貝卡，我要說：普蘭泰辛醫院（Plantation Hospital）。戈申醫院（Goshen Hospital）。冰冷的金屬牀。手術刀。可怕。出生。你三度介紹我見上帝的臉。你三度和再三次從上帝那裏收納可怕的禮物。每次你的美麗都增加，你的同在給我們灑下榮耀。你的受苦拯救了我們。我愛你。

緊扣時代 服事教會

以文字傳揚基督真道

讀者意見表

衷心多謝你購買本社書籍。本社一直致力以出版事工服事教會，幫助信徒扎根於神的話語，促進靈命增長。為使我們的出版更能滿足你的需要，請填寫下列各項資料，並寄回或傳真予本社。

所購書籍：________________________

本書最吸引你的地方：
□作者　□適切性　□文筆　□設計　□實用性
□其他：________________________

購買本書地點：
□基道書樓　□基督教書店　□非基督教書店

性別：□男　□女　職業：________________

信仰：□基督徒　□非基督徒

年齡：□ 16 歲或以下　□ 17～25 歲　□ 26～35 歲
□ 36～55 歲　□ 56 歲或以上

學歷：□中三或以下　□中五　□預科
□大學　□研究院

□我欲更多了解基道出版社的事工及考慮支持，請寄給我下列資料：
□機構簡介　□新書資料　□基道會員通訊
□《基道文字事工通訊》

姓名：________________ 電話：________________

地址：________________________________

____

傳真：________________ 電子郵件：________________

其他意見：________________________________

____

多謝賜教！

意見表可以傳真（2687-0281）或直接郵寄以下地址：
香港沙田火炭坳背灣街26號富騰工業中心1011室
基道出版社編輯部收